江戸湾海防史

淺川道夫著

錦正社

目次

図版目次

江戸湾海防史

はじめに

本書は、文化七（一八一〇）年に本格的な台場建設がはじまり、以後慶応四（一八六八）年に明治維新を迎えるまで、半世紀以上にわたって続いた幕藩体制下の江戸湾海防について、軍事史の観点から通史としてまとめたものである。

江戸湾海防を通史的に見た先行研究としては、藤井甚太郎「江戸湾の海防史」（日本歴史地理学会編『武相郷土史論』有峰書店、一九七二年）をはじめとして、筑紫敏夫「江戸湾沿岸警衛の基礎的考察」（『市原地方史研究』第十二号、一九八二年三月）や、相州側の警備についてまとめた中里行雄「近世三浦半島海防史概説」（『開国史研究』創刊号、二〇〇一年三月）を挙げることができる。これらの論考はいずれも歴史学者の手に成るものであり、沿岸警備を担当した諸藩の変遷や、それぞれの地域における領民の動向に焦点をあてた研究となっている。

江戸湾における海防史を敷衍するための基本的な公刊史料には、勝安房編『陸軍歴史　上・下巻』（陸軍省、一八八九年）のほか、箭内健次編『通航一覧続輯　第五巻』（清文堂、一九七三年）、東京大学史料編纂所編『維新史料綱要巻一～巻十』（東京大学出版会、一九八三～一九八四年）、東京市役所編『東京市史稿　港湾篇第二・第三』（東京市、一九二六年）などがある。また相州側の海防史料を集成した神奈川県県民部県史編集室編『神奈川県史　資料篇十　近世（七）』（神奈川県、一九七八年）は利用価値が高く、房総側の海防史料についても同様の史料集の刊行が待たれる。

他方、沿岸警備を担当した諸藩の側でも、藩政史料の公刊に際して江戸湾海防にまつわる史料を収録しているところがあり、末松謙澄『修訂　防長回天史　上・下巻』（柏書房、一九六七年）、細川家編纂所編『改訂肥後藩国事史料第一巻』（国書刊行会、一九七三年）などがその代表的な例といえる。六十年近い江戸湾海防の歴史の中で、藩兵を警備担当地域に派遣し、台場をはじめとする海防施設の守備を担当した藩は三十三藩に及ぶが、海防関係史料の伝存状況はまちまちであり、このことが研究の精粗という形で反映されている。また、尨大な海防関係史料が残る藩についても、史料調査が十分に及んでいないケースがあり、総合的な視点から伝存史料全体の再評価をおこなう必要性があると思われる。

地方自治体が編纂した地方史の公刊書籍中にも、江戸湾の海防史に言及しているものがあり、これらは実際の警備地となった地域での刊行物と、警備を担当した藩の本領（居城）所在地での刊行物に区分される。前者を代表するものとして赤星直忠『横須賀市史　八　三浦半島城郭史　上巻』（横須賀市教育委員会、一九五五年）があり、相州側の各台場の変遷と共に、一九五〇年代初頭まで残存していた台場址についても、実地調査を踏まえた報告が収載されている。房総側の台場については、富津市史編さん委員会編『富津市史　通史』（富津市、一九八二年）が詳細で、同市域内にあった各台場の変遷や、現存する台場址に関する調査所見が述べられている。

また後者の分類に属する刊行物のうち、一定のページ数を割いて江戸湾海防を取り上げているものとしては、川越市庶務課市史編纂室編『川越市史　第三巻　近世編』（川越市、一九七八年）、前橋市史編さん委員会編『前橋市史　第二巻』（前橋市、一九七三年）、行田市史編纂委員会編纂『行田市史　下』（行田市、一九六四年）、中村直勝『彦根市史　中冊』（彦根市役所、一九六二年）、会津若松市編『会津若松市史　六』（会津若松市、二〇〇三年）、埼玉県編『新編埼玉県史　通史編四　近世二』（埼玉県、一九八九年）などが挙げられる。

品川台場については、その規模も大きく幕末史の中に占める話題性も高いため、戦前から多数の研究が公表されている。これに関する基本的な公刊史料には、前掲『陸軍歴史』や『東京市史稿　港湾篇　第二・第三』の他、戸羽山瀚篇『江川坦庵全集　下巻』（巖南堂書店、一九七九年）や韮山町史編纂委員会編『韮山町史　第六巻下』（韮山町史刊行委員会、一九九四年）があり、関係資料をよく網羅している。また主要な研究としては、東京市保健局公園課『品川台場』（東京市、一九二七年）、佐藤正夫『品川台場史考』（理工学社、一九九七年）、拙著『お台場――品川台場の設計・構造・機能――』（錦正社、二〇〇九年）が挙げられる。

品川台場を「区」域に含む地方自治体においても、地方史誌の公刊に際してこれに論及したものがあり、戦前の『品川町史　上巻』（品川町役場、一九三二年）や『芝区史』（芝区役所、一九三八年）を手はじめに、戦後の『品川区史通史編　上巻』（品川区、一九七三年）、『港区史　上巻』（港区役所、一九六〇年）などに引き継がれている。また、『品川台場調査報告書』（品川区教育委員会、一九六八年）や港区立港郷土資料館編『台場――内海御台場の構造と築造――』（港区教育委員会、二〇〇〇年）といった、独自の調査研究にもとづく刊行物もある。

他方、江戸湾の海防史を軍事史の視点から考察した先行研究として、原剛『幕末海防史の研究――全国的にみた日本の海防態勢――』（名著出版、一九八七年）を挙げることができる。ただし同書は、その副題に示される通り「全国的にみた日本の海防態勢」を研究対象として刊行された単行本であり、必ずしも江戸湾という対象地域に論点を絞ったものではない。近年、原氏の研究に触発される形で、幕末の海防を取り上げた地方史研究の論考もしばしば発表されるようになって来たが、まだそれらの研究の中では、海防というものの本質である軍事的な要素について、十分な考究がなされているとはいえないのが現状である。

そもそも幕末日本における海防とは、十八世紀末から十九世紀にかけての、パワーポリティクスを基調とした国際関係の中で、幕藩体制を維持する日本が西欧列強の外圧に対抗していくためにとった軍事的施策にほかならない。また江戸湾の海防は、当時の政権すなわち幕府の膝元を外圧の脅威から防衛するという、徳川幕府にとっての最重要課題の一つだった。本書はこうした視点から、江戸湾における海防政策の変遷を通観しようとするものである。

Ⅰ．開国前の海防体制

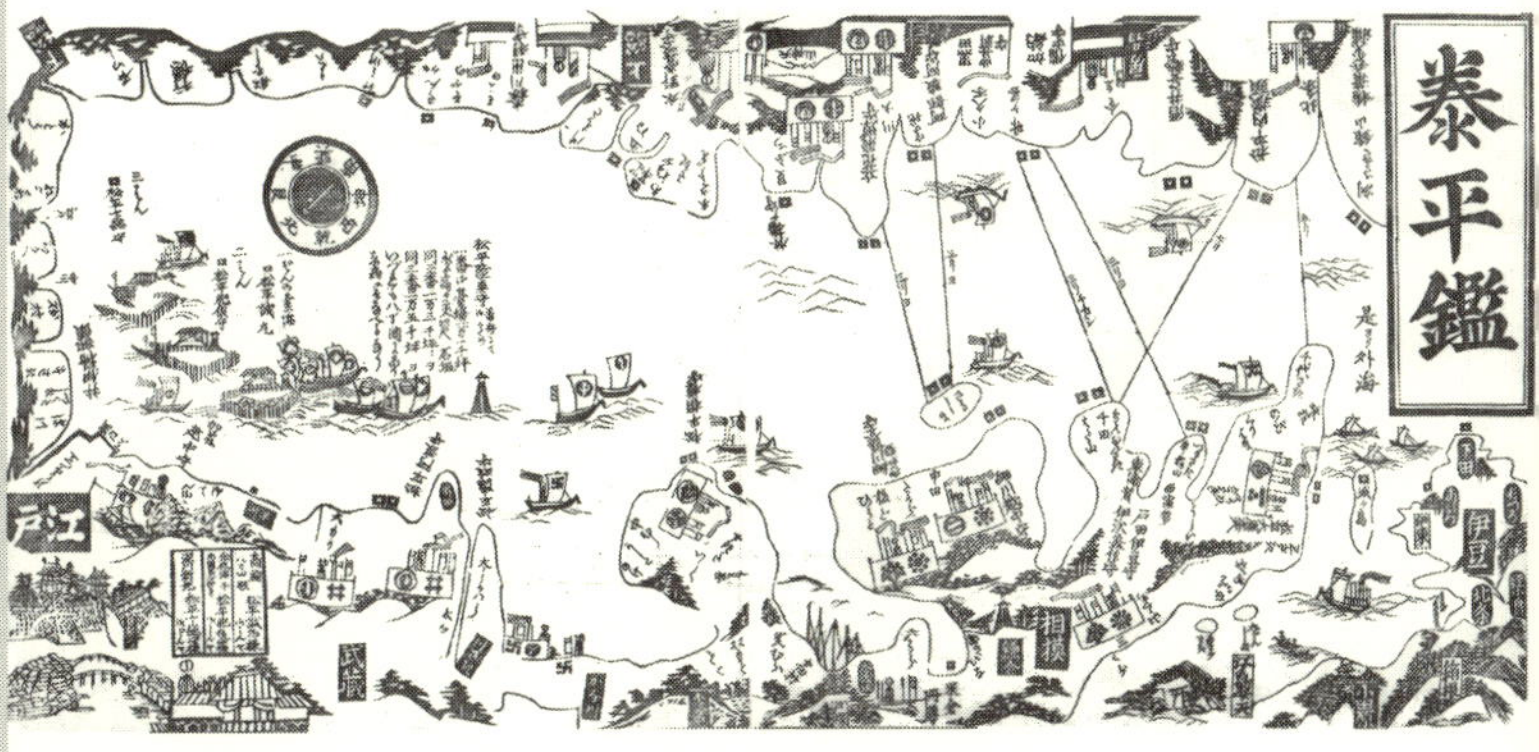

ペリー再来時の瓦版
　出典：「海陸御固泰平鑑」（刊所不記、1854 年）。

一、江戸湾の海防計画

徳川幕府が政権の膝元である江戸湾の防衛に目を向けるようになったのは、寛政年間（一七八九―一八〇〇）のことであり、それはロシアの脅威を強く意識したものであった。江戸湾における防衛体制の整備計画に着手したのは、時の老中松平定信で、寛政四（一七九二）年九月のロシア使節ラクスマン来航が、その直接の契機となった。ラクスマンはロシア皇帝の国書を携え、日本との通商を求めて蝦夷地根室に入港したが、その乗船「エカテリア号」を以て江戸への回航を求めたことに、老中以下の幕閣は驚愕した。

現実問題として当時の江戸湾は、寛永年間以来の長い鎖国体制下に在って、ほとんど無防備状態で放置されており、防衛計画の立案にあたっては、警備を担当する藩の在り方そのものから検討しなければならないという状態だった。寛政四年十一月、取り急ぎ幕府は「海辺領分有之万石以上面々」に対して「海辺防備之儀ニ付御書付」を回達し、「兼て手配いたし置候船人数之外、大筒有無并一体之心得方、隣領申合之趣等、委細書付ニ而可被差出候」[1]ことを下令した。しかし江戸湾を取り囲む三浦半島や房総半島には、単独で海防の任を全うできるような大藩は存在せず、「海辺防備」の報告書を幕府に提出したのは、相州側では川越藩、房総側では佐倉藩の二藩にとどまったようである。

まず三浦半島について見ると、三浦郡や余綾郡に浜附の分領七二八八石余を有していた川越藩が、この幕命を受けて相州領沿岸の警備に着手し、翌寛政五（一七九三）年一月、外国船への対処方法を公儀へ届け出ている。当初その内容は、浦郷村役場の役人三人が、外国船を発見したら直ちに江戸屋敷へ注進し、その報を受けた江戸屋敷では直ちに物頭六人を相州へ派遣する、というものだった。(2) これに対して幕府からは、警備人数が僅少にすぎる旨の指摘があり、川越藩では「物頭二人、御目附壱人のほか、組四十人」(3) を相州に常駐させて、分領の警備体制を整えることとなった。相州詰の藩士には「定」が下達され、外国船に対しては「公儀より之触面之通成丈穏可取計事」(4) との方針が示されていた。ここにいう「公儀より之触面」とは、寛政三（一七九一）年九月に布達された「異国漂流船取計方之儀御書付」(5) を指す。この時期の外国船対策については、「異国船見掛候ハヽ、早々手当人数等差配、筆談役或見分之者等出し、様子相試可申候」とされ、もし臨検を拒むようならば「船をも人を打砕」くべく「大筒火矢抔用候も勝手次第」と武力行使の可能性も示唆していた。しかしその一方で「見分等をも不拒趣ニ候ハヽ、成丈ケ穏ニ取計」ことを指示しており、本音の部分では穏便策を基調とするものだったといえる。

対岸の房総半島においては、草高十一万石の佐倉藩が最大の藩であった。浜附の所領若干（寒川・登戸）を有する同藩でも、寛政五年八月に海防に関する届書を幕府へ提出しており、その中で「領分海手ニ異国船見請候節は迅速に人数差出、筆談役之者ヲ以取扱させ、様子に応じ取斗、若又相拒、手延難儀様子見届候ハヽ、諸事被仰出候趣相心得、兵器相用、打払はさせ、其段品々御届可申上候」(6) と、寛政令に添った対処方針を述べると共に、「御用意御人数兵器」として、「家老壱人・番頭壱人・旗奉行壱人・物頭弐人・長柄奉行弐人・大目付壱人・勘定頭壱人・大筒役壱人・平士拾人・筆談役壱人・医師弐人・中小姓拾人・代官壱人。徒目付弐人・足軽小頭八人・代官手代弐人・下目付弐人・足軽八拾五人」と「旗壱本・弓拾張・大筒五挺・鉄砲三拾挺・長柄二十本・熊手拾本・貝太鼓壱組」を挙げている。(7)

寛政五年一月、松平定信は勘定奉行久世丹後守と目付中川勘三郎・守山源五郎らを伊豆・相模・安房・上総・下総に派遣し、沿岸の巡視を命じた。(8) そして同年三月に巡視結果の報告を受けると、松平定信自身も伊豆・相模の沿岸巡視をおこない、四月に帰府してから、伊豆の伊浜・下田・柏窪・韮山、相模の甘縄・三崎・燈明堂・浦賀・走水、房総の百首・富津といった要衝に、[9]「御備場等造築せらるへき」[10]ことを提唱した。しかし同じ年の七月に松平定信が老中の職を退くこととなったため、この計画は「猶予あるべき旨の再命」があったにもかかわらず、中止の余儀なきに至った。[11]

寛政年間に江戸湾の防衛計画を担当した松平定信は、「第一安心不仕は房州豆州上総下総等にて……右四ケ国は尤小給所又は御領所等にて一向に御備無之」[12]状態を指摘し、「海よりのり入れば永代橋のほとりまでは外国之船とても入り来るべし。さればこのときに至りては、咽喉を不経してたゞ腹中に入るともいふべし」[13]という形で、警句を発していた。そしてこのような現況に対し、「小領主の多き伊豆・安房・上総・下総四ケ国に於て領地の転換を行ひ、大名をこの地に転じ、寄合衆中、五千石内外の士若干をもこの国内に移して、右の大名に属せしめ、以て下田・三崎・走水等、江戸湾口の要地衛戍の任に与らしめ」[14]ることを提唱したのであった。

こうした江戸湾の防衛計画が再び見直されるのは、文化年間（十九世紀初頭）に入ってからのことであり、そのきっかけとなったのは、文化元（一八〇四）年九月のロシア使節レザノフ来航だった。レザノフは日本との通商を求めて長崎に入港し、半年にわたって幕府と交渉をおこなったが、幕府側の拒絶にあたって空しく退帆した。幕府はこうしたレザノフへの対応を踏まえて、文化三（一八〇六）年一月に「おろしや船之儀ニ付御書付」を発し、「異国船と見請候ハヽ、手当致し、人数等差配り、先見分之者差出、得と様子相糺し、弥おろしや船ニ無相違聞候ハヽ、能々申諭し、なりたけ穏ニ帰帆いたし候様可取計候」[15]ことを下令した。

一方、日本に対する憤懣を抱いたレザノフは、北海道近海に在ったロシア海軍の艦艇へ、樺太・択捉・国後の日本会所を襲撃するよう命じた。この命令を受けたロシアの艦艇は、文化三年から四年にかけて日本会所への武力攻撃を敢行した。こうした事態を受け、幕府は文化四（一八〇七）年十二月、「おろしや船取計」に関する布達を発し、「おろしや船と見受候ハヽ、厳重ニ打払ひ、近付候ニおゐてハ、召捕又ハ打捨[16]」ることを諸藩に命じた。
また文化四年十一月には、御先手御鉄砲方兼勤井上左太夫に伊豆・相模・安房・上総四ヶ国の沿岸見分を命じ、江戸湾防衛のための諸施設建設を計画した[17]。続いて文化五（一八〇八）年四月、再び井上左太夫へ下田・浦賀周辺の巡視が命じられ、浦賀奉行岩本石見守と代官大貫次右門がこれに同行した。その結果、台場建設の候補地として、次の六ケ所が選定された[18]。

相州三崎　城ケ島　安房崎之台え台場取建
同州浦賀　燈明堂
同州走水　観音崎　観音山え台場取建
豆州下田　須走崎
房州　　州之崎　甲崎え台場取建
上総国　　百首
都合六ケ所

このうち上総国の百首台場については、文化五年に普請の見積りがたてられた記録が残されているが[19]、この年に着工に至ったのかどうかは不明である。他の台場候補地についてこのような記録はなく、相州・房州では会津・白河両藩が現地に着任した文化七（一八一〇）年以降に、それぞれ台場建設がおこなわれた。

こうした矢先、イギリスの軍艦「フェートン号」が、長崎港に進入して出島のオランダ商館員二人を拉致し、交換条件に薪水を強要したのちに退去するという事件が発生した。文化五年八月のことである。この時、同港の警備を担当していた長崎奉行松平康英は、配下の守備兵が僅少だったため、イギリス側の要求に屈することを余儀なくされ、事件後に責任をとって自刃した。「フェートン号」事件によって海防強化の必要を痛感した幕府は、長崎港の警備体制を見直すと共に、江戸湾における沿岸防衛の整備を急ぐこととなった。

註

(1) 法制史学会編・石井良助校訂『徳川禁令考　前集第六』(創文社、一九五九年) 四〇二頁。
(2) 前橋市史編さん委員会編『前橋市史　第二巻』(前橋市、一九七三年) 一〇六〇頁。
(3) 同右。
(4) 同右。
(5) 前掲『徳川禁令考　前集第六』四〇一頁。
(6) 佐倉市史編さん委員会編『佐倉市史　巻二』(佐倉市、一九七三年) 六四七頁。
(7) 同右、六四八頁。
(8) 国書刊行会編『通航一覧　八』(清文堂、一九六七年) 三九七頁。
(9) 渋沢栄一『楽翁公伝』(岩波書店、一九三七年) 三一三頁。
(10) 前掲『通航一覧　八』三九七頁。
(11) 同右、四三二頁。
(12) 勝安房編『陸軍歴史　下巻』(原書房、一九六七年) 三六四頁。
(13) 松平定信『宇下人言』(岩波書店、一九四二年) 一六七～一六八頁。
(14) 前掲『楽翁公伝』三一二頁。
(15) 前掲『徳川禁令考　前集第六』四〇三～四〇四頁。

(16) 同右、四〇四頁。
(17) 前掲『通航一覧　八』三九八頁。
(18) 同右、三九九頁。
(19) 富津市史編さん委員会編『富津市史　通史』（富津市、一九八二年）六五六頁。
この時の見積りによれば、百首の台場と陣屋は「鉄砲台一五間四方、打方役人住居（陣屋）方六百坪」という規模で普請が計画されていたことが知られる（同書、六五六頁）。

二、会津・白河二藩体制

文化七（一八一〇）年二月、徳川幕府は会津・白河両藩に江戸湾警備を命じ、それぞれ相州側・房総側の湾口沿岸に台場を建設して、藩兵を配置すべきことを下令した。そしてこれをきっかけとして、幕末の江戸湾海防は本格化していく。同年二月二十六日に次のような命を受けた会津藩主松平容衆《かたひろ》は、(1)四月に出府したのち、湾口に面した三浦半島の要衝へ台場を設け、海防体制構築に着手することとなった。

二月二十六日　　　　　　　　　　　　　　　　松平金之助
異国船漂流手当之ため、相州浦賀辺、並安房・上総浦々ニ大筒台場等取建、其方並松平越中守江引請被仰付之、追而は右浦々最寄宜所ニ而領分之内、引換可被下候条、家来共差置、御備筋厚可申付旨被仰出之、
右於御書院縁頬、老中列座伊豆守伝達、書付渡之、

会津藩が台場や陣屋の建設に着手したのは文化七年七月のことであり、これらは文化八～九（一八一一～一八一二）年にかけて逐次竣工した。この間、文化七年十一月には戍兵となる藩士とその家族の相州への移住がおこなわれた。(2)また文化八年五月には、陸奥国河沼郡や越後国蒲原郡の一部と引き換えに、幕府から相模国三浦・鎌倉両郡のうち三

万石が会津藩に与えられた。[3] ここに家族を含めて一千人以上に及ぶといわれる、[4] 会津藩士の相州移住体制が整えられていく。

会津藩の海防施設は、三崎陣屋と安房崎台場、平根山陣屋と平根山・鶴崎の両台場、鴨居陣屋と観音崎台場という、三つの拠点から構成されていた。また、外海に臨む安房崎には遠見番所が設けられて、江戸湾に進入しようとする外国船の警戒にあたった。

三崎陣屋は、天正年間に廃蹟となった三崎城址に設けられたもので、別名を宝蔵山陣屋ともいう。『新編武蔵風土記稿』には、「文化八年松平肥後守容衆此地を領せし時、海岸防禦の為に警衛の士を置かれしが、文政四年容衆移封の後全く廃せり。故に土人又陣屋蹟とも唱ふ」[5] とある。この陣屋は、安房崎台場で警備にあたる藩兵の詰所となっていたところで、数棟の長屋が建ち、物頭一人に統率された八十人余の士卒・足軽が在営していたという。[6]

安房崎台場は、城ケ崎の東端（小名・安房崎）へ、会津藩が文化八年に建設したものである。[7] 備砲については、文政四（一八二一）年に浦賀奉行所が同台場を引き継いだ際の文書に「大筒五挺・狼煙筒弐挺」[8] が配置されていたとの記録が見える。また遠見番所に関しては、「其頃は台場と唱へ、大筒の備あり」[9] という形で安房崎台場と同一視した記事もあるが、浦賀奉行所への引き継ぎの際「城ケ崎台場は取払、遠見番所斗差置」[10] 旨の記録があり、独自の施設が存在していたことが知られる。

これら三崎陣屋と安房崎台場・遠見番所は三浦半島の南端、江戸湾の海口に位置し、外海を見渡す形でいち早く外国船を発見・対処するという役割を担った。ちなみに三崎陣屋では、軍船四隻（他に予備船二隻）と水主四十四人（他に予備の水主百四人）を管掌し、海上の警戒にあたった。[11]

平根山陣屋は、文化八年に建設されたもので、[12] 平根山・鶴崎両台場の守備兵の詰所として「浦賀町川間の東端、平

図１　平根山台場と鶴崎台場
出典：「相房御固場艸稿」（神奈川県立金沢文庫所蔵）。

根山の背後にあった[13]」ものと推定される。陣屋の施設などについては史料が残されておらず、不明である。

平根山台場は、同じく文化八年に竣工したもので、「大銃六挺」のほかに塩硝蔵を備え、頂上には船見番所が設けられていた[14]。同台場の立地については、「高サ凡十二三間斗リニ見ル[15]」とか、「海面より三四十間高く……打払便利不宜[16]」といった記事があり、かなり高所に建設されていたことが知られる。

鶴崎台場については、文化六（一八〇九）年に竣工したものとする説があるが[17]、築造にあたった会津藩相州派遣それ自体が文化七年で、「浦賀湊御台場、以来平根山江御取建、其後鶴崎御取建[18]」との記録も存在することから、文化八年ないし九年に建設されたと考えるのが妥当と思われる。備砲は「大砲五挺[19]」とされ、その立地は「高サ凡三四間ニ見ル[20]」低地砲台であった。

平根山陣屋と平根山・鶴崎の両台場は、主に浦賀港を防衛するための拠点として設置されたものであった。寛政五（一七九三）年の松平定信による沿岸調査を踏まえた海防策でも、「浦賀は咽喉之地」とする指摘があり[21]、浦賀港の防禦は、相州警備の要となっていた。

会津藩は文化九年、川越藩が海防の拠点としていた浦郷の郷方役所を鴨居に移し、陣屋とした[22]。この陣屋は観音崎陣屋とも呼ばれ、郡奉行と代官を置いて会津藩相州領支配の中心となった。観音崎台場は、文化九年に竣工したもので、「観音より七八丁行、水面より三十間斗りの山上[23]」に位置する高地砲台であった。備砲は「大銃五挺」とされ、船見番所と塩硝蔵を併設していた[24]。

文化年間の江戸湾防衛の基本方針は、相州側の城ケ島と房総側の洲崎を結ぶ、江戸湾海口の警戒線で外国船を発見・臨検することに重点が置かれていた。しかし、後述する「ブラザーズ号」の来航を機に、「虜艦を富津の要礁《ママ》に止めて、内海に入ること勿らしめよ[25]」との幕命が文政二（一八一九）年に発せられ、外国船が「富津～観音崎まで進入した場合は打沈める[26]」という方針に変更された。これ以降観音崎台場は、打沈め線を構成する相州側の備えとして、重要度を増すこととなった。

文化～文政期の相州警備に際して、会津藩では在来の和流砲術を以て台場の備えとした。当時会津藩には、稲富流・種子島流・自由斎流・荻野流・夢想流といった諸流派の砲術が併存しており[27]、相州沿岸の台場にもそれぞれの流派で用いる和砲が配備された。現在、それらの砲種を個々に判別することのできる史料は残されていないが、部分的に伝存する「観音崎二番目台場御備筒[28]」の図などを見ると、玉径三寸の和筒（一貫目筒）がその一例として描かれており、備砲の一端をうかがい知ることはできる。

また、荻野流で使われた「自由台」と称する砲架にまつわるエピソードも残されており、「五百目弾より以下の軽い弾を打つ小型の大砲を載せた場合には、名の通りすこぶる自由な操作が出来、発射が容易であったが、秤量三百貫以上の重い砲を載せる時は、誠に操作困難[29]」だった様子が伝えられている。

会津藩では、天明八（一七八八）年以来、藩内の軍制を長沼流の兵法にもとづいて整えて来た。有事の際の用兵もまた、長沼流に拠るところが大きかったが、同流の兵法の中には築城法に関する教則が含まれていなかった。このため会津藩では、長沼澹斎の著わした『兵要録』中の「練兵」を修得した者に対し、「山神流の築城法の内平山城、平城、山城の三法」[30]に関する講習をおこなっていた。相州警備にあたって同藩が建設した諸台場は、こうした和流の築城法によって設計・築造されたものだった。

文化～文政期における会津藩の相州警備は十年間に及んだが、幕府は文政三（一八二〇）年十二月三十日、会津藩の任を解き、代わって浦賀奉行所に相州警備を命じた。その際「台場は勿論、遠見番所・陣屋共其侭差置、肥後守江は御手当被下候」[31]という形で、海防施設の全てが浦賀奉行に引き渡された。幕府がこの時会津藩に下賜したのは「時服三十領、黄金十万両」[32]であったが、これは「砲台などの買上料」[33]という意味をもつものだったといわれる。

他方、文化七年二月に会津藩へ相州警備の幕命が下されたのと同日、白河藩主松平定信にも「房総海岸防禦被仰付候事」[34]という形で、安房・上総側の江戸湾口警備が下令された。房総警備の幕命を受けた松平定信は、藩内に次のような「親筆訓示」[35]を発し、派兵準備に着手した。

此度格別之御用ヲ蒙ムリ誠ニ以テ本望之至、当家之規模重畳之仕合、難有存スル事ニ候、然レハ如何様ニモ工夫致シテ勤ムル心得也、乍然人数ヲ遣ハシ陣屋ヲ取建テ、武器ヲ始メ総テノ入費ハ莫大ニ及フヘシト雖モ是迚モ拝借金ナトハ不致心得故此上各一同弥ヨ節倹篤ク心掛クヘシ、追テ房総両州ニ遣ハス者共其手当難行届事モ有之トモ、一同何レモ善ク堪忍シ上下一致シテ相勤メ候ハ、我等之志モ相立チ我等拝借ナド不致御用ヲ勤ムレバ我等之寸志モ達スル事故一同此処ヲ思惟シテ特ニ篤ク心掛ケ可申候

庚午二月廿七日

定信

図２　竹ケ岡（陰の台場址）に残る玉除土手

翌文化八年五月十三日、白河藩は陸奥と越後の領地三万石余と引き換えに、安房国の朝夷郡・平郡、上総国の天羽郡・周准郡を新たに与えられ[36]、一隊「貳百名乃至百五十名」から成る戍衛兵を安房と上総にそれぞれ一隊（三百～四百名）ずつ派遣した[37]。また白河藩は、房総警備の幕命を受けた直後から海防施設の整備に着手し、軍師杉山八蔵と成瀬幾右衛門を現地に送って「陣営砲台建設」にあたらせた[38]。

白河藩の海防施設は、波佐間陣屋と洲崎台場、白子遠見番所、百首陣屋と平夷山台場という三つの拠点から成り、それらは文化八～九年に竣工を見た。同藩ではこれらの拠点をそれぞれ松ケ岡・梅ケ岡・竹ケ岡と改称したが、その経緯について次のような記録がある[39]。

白河藩は台命を受けしより工事を営み房州には砲台を洲崎に築きて之れを勝崎と称し陣営を波佐間に置き之れを松ケ丘と称し又白子に遠見番所を設け之れを梅ケ丘と呼び本州には砲台を城山に築き之れを平夷山と称し陣営は百首に置き之れを竹ケ岡と改む富津は竹ケ岡遊軍出張の地となし砲台陣営等の設

備をなせしか後ち文政五年に至り房州の防備は遠見番所のみ残し洲崎の砲台等は総べて之れを富津へ移転せしむ

このうち洲崎台場は、「西南に海を受け、西岸は相州城ケ島に対して地勢一段高く、海中に斗出せる絶壁の上にあり、数十門の大砲を列ね架して外海を威圧(40)」するもので、「陽の作り」と称されていた。これについては、「大都の港口に御備向無之と、外国に被存候処も残念の義、台場等目立しくいたし候は、敵を引付候ばかりにも無之、一つは御威厳とも相成可申哉の微志にて候(41)」と、松平定信自身が「海岸御備大意」の中で述べている。

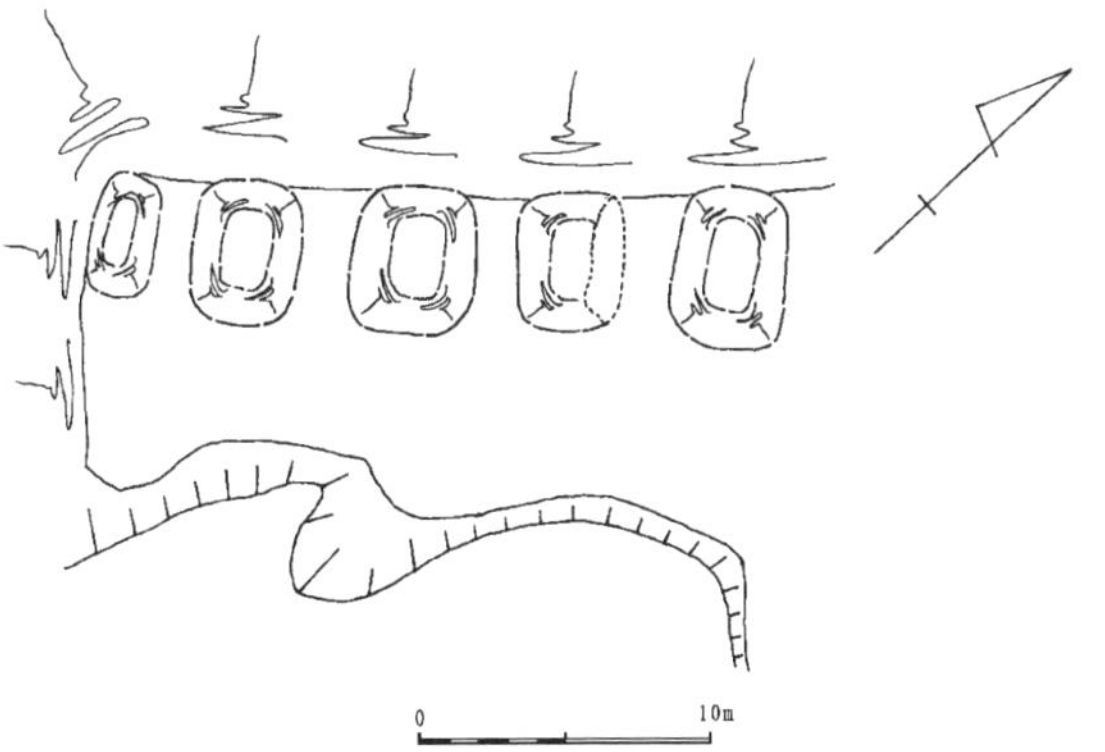

図３　竹ケ岡（陰の台場址）実測図

また松平定信は、白河藩が房総の警備を担当するにあたって、「七里隔りたる洲崎と城島との間を以て控制の場所(42)」と定め、「異船一二艘たりとも、城島・洲崎台場を乗抜させ申間敷(43)」ことを基本方針としていた。このため防禦の重点は、波佐間に設けられた松ケ丘陣屋と、洲崎の勝崎台場に指向され、藩兵「約五百人(44)」が配置されると共に、「勝奇丸」と「必勝船」と名づけられた二十櫓の新造軍船二艘が、同地に備えられることとなった(45)。白子遠見番所は、江戸湾の入口を外海から警戒するため、安房国朝夷郡城子村に築かれたもので、白河藩は同所を梅ケ岡と呼んでいた。

百首村の造海城址を利用して建設された平夷山台場は、文化九（一八一二）年五月に百首村が竹ケ岡と改称されたことに伴い、竹ケ岡台場と

図４　竹ケ岡台場で採集された紋入りの軒瓦

も呼ばれるようになった。竹ケ岡台場は、城山の山腹に設けられた陰の台場、その直下の海岸に設けられた石津浜台場、城山北東部の山裾に設けられた十二天の鼻台場から構成される。これらの台場で守備にあたる藩兵は、百首村に設けられた竹ケ岡陣屋に常駐し、その数は「約二百[46]」人であったとされる。

このうち、城山中腹の台場は「樹木の間に石を畳み、黒油石灰を以て之を塗り、苫・蔓草を植ゑて、その中に数多の大砲を並べ[47]」、海上からは見え難い「陰の作り」となっていた。これについても松平定信は、「百首の台場を隠にするといふは、その時にあたれば蛮夷も観音崎まで深入せんには、極めて両岸険易をも見くらべて、宜く処置すべき事なり。……百首よりして海岸可然処へ大筒を匿し、近寄りたる処を岩かげ木かげよりも打たすべし[48]」と述べている。

この陰の台場については、現在も遺構が残されており、造海城址の一部として測量調査もおこなわれている[49]。実際に現地を訪れてみると、中世城址の郭の一部を利用し、台場とその附属施設を建設するための敷地を造成しているのがわかる。台場の遺構としては、五基の土墩《とん》（玉除土手）が認められる。またその付近から白河藩主松平家の「星梅鉢紋」がついた軒瓦も採集されており、同藩の所管する建物が存在していたことをうかがわせる。

白河藩が房総の警備を担当していた文化・文政期の備砲については、「松が岡にて、家臣首藤金右衛門俊秀に命じ、越後より召し寄せる鋳物師を督して、大小砲百二十七門を鋳造[50]」させたといわれ、そのうち最大のものは、「神龍」と称する進退転旋自在の二貫目筒[51]（口径三寸六分二）で、これを洲崎・百首の両台場に配備した。他の備砲については史料が現存しないため不明だが、忍藩が警備を担当した天保年間には「二貫目筒・一貫目筒・二百目筒・百目筒」[52]などが据えられており、概ね同様の和筒が配備されていたものと推定される。

またこの時期の白河藩では、田井流・小野流・宮部流・御家流（起倒・甲乙・三木・三田野部の四流を統合）といった、諸流の砲術が用いられていた[53]。房総警備に際しては、砲術師範として小野半が現地に派遣されており[54]、台場の火砲は小野流を主体とするものであった可能性が高い。ともあれ、文化・文政期の台場に配備されていた火砲は全て和砲で、洋式砲の導入はまだおこなわれていなかった。

会津・白河二藩体制による江戸湾警備がおこなわれた文化七～文政三年の間、江戸湾とその周辺では三度にわたる外国船の近海通過ないし来航事件があった。すなわち、文化十三（一八一六）年一月における英国船の伊豆下田沖通過、文化十四（一八一七）年九月における英国船の安房布良崎沖通過、文政元（一八一八）年五月における英国船「ブラザーズ号」の浦賀来航である[55]。

これらの事件に際し、会津・白河両藩は守備兵を要所に配置すると共に、軍船を出動させて警戒にあたった。文化年間の二件については、沖合を航行する外国船の「見届」に終わったが、文政元年の「ブラザーズ号」来航にあたっては、押送船を出してこれを浦賀港へ引き入れ、臨検がおこなわれた。この時会津・白河両藩は、「雲霧深く、殊に洲崎・城島の間、場広の海上、其利上小船之義にも有之、見留兼候」[56]という形で、「ブラザーズ号」の江戸湾進入を阻止することができなかった。さらに会津藩は、浦賀港に程近い平根山陣屋でも「ブラザーズ号」を「見落」[57]すなど、初動の対応に遅れが出たが、程なくして軍船百五十隻を出動させ、浦賀港周辺の警備にあたった。その働きにより幕府は、会津藩へ「其の晩船防禦よく整備せる」[58]ことを讃える賞詞を下した。

「ブラザーズ号」は、交易を求めて来日した軽武装の商船だったが[59]、交易不可の国法を説く幕府の説諭を容れて退

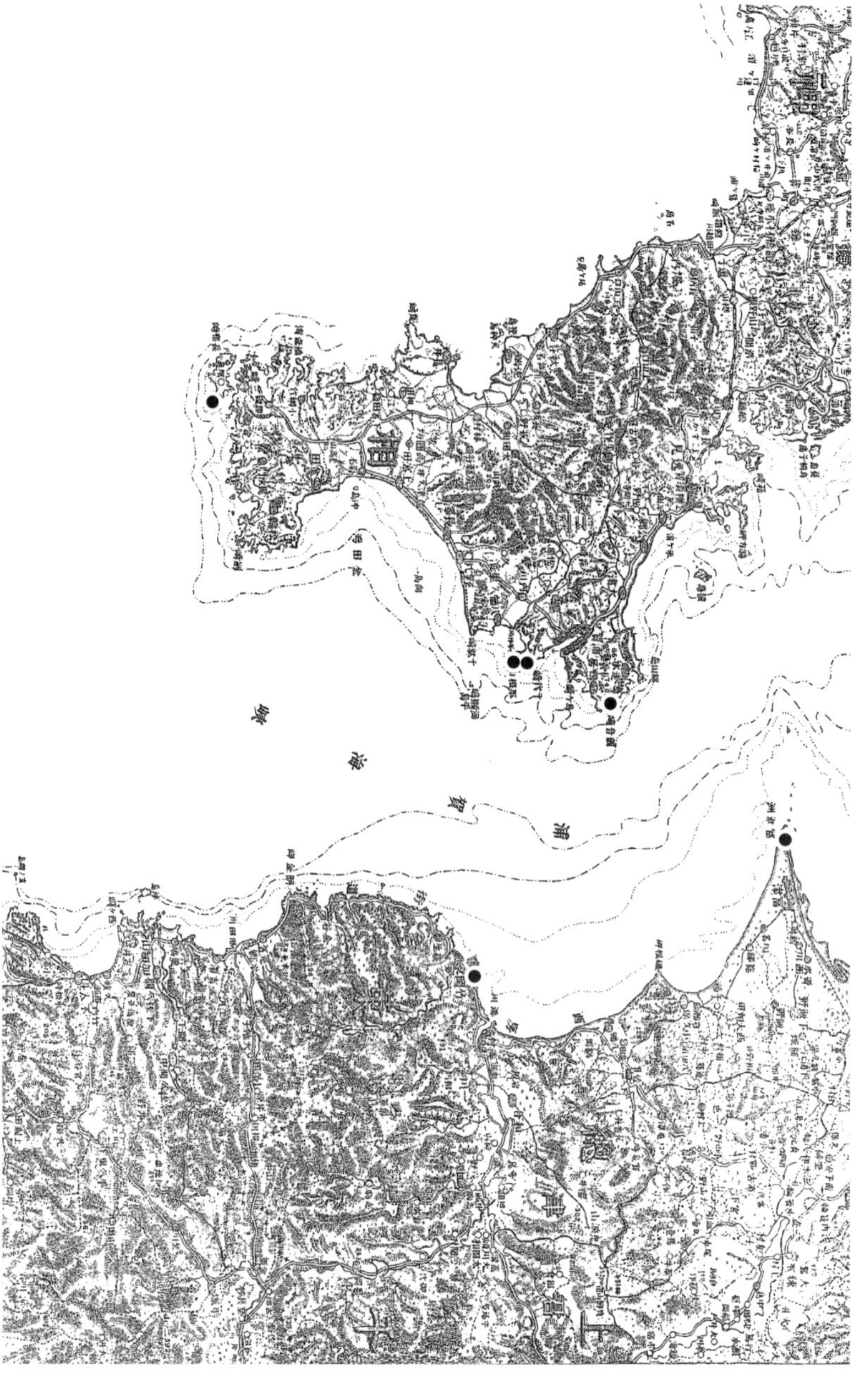

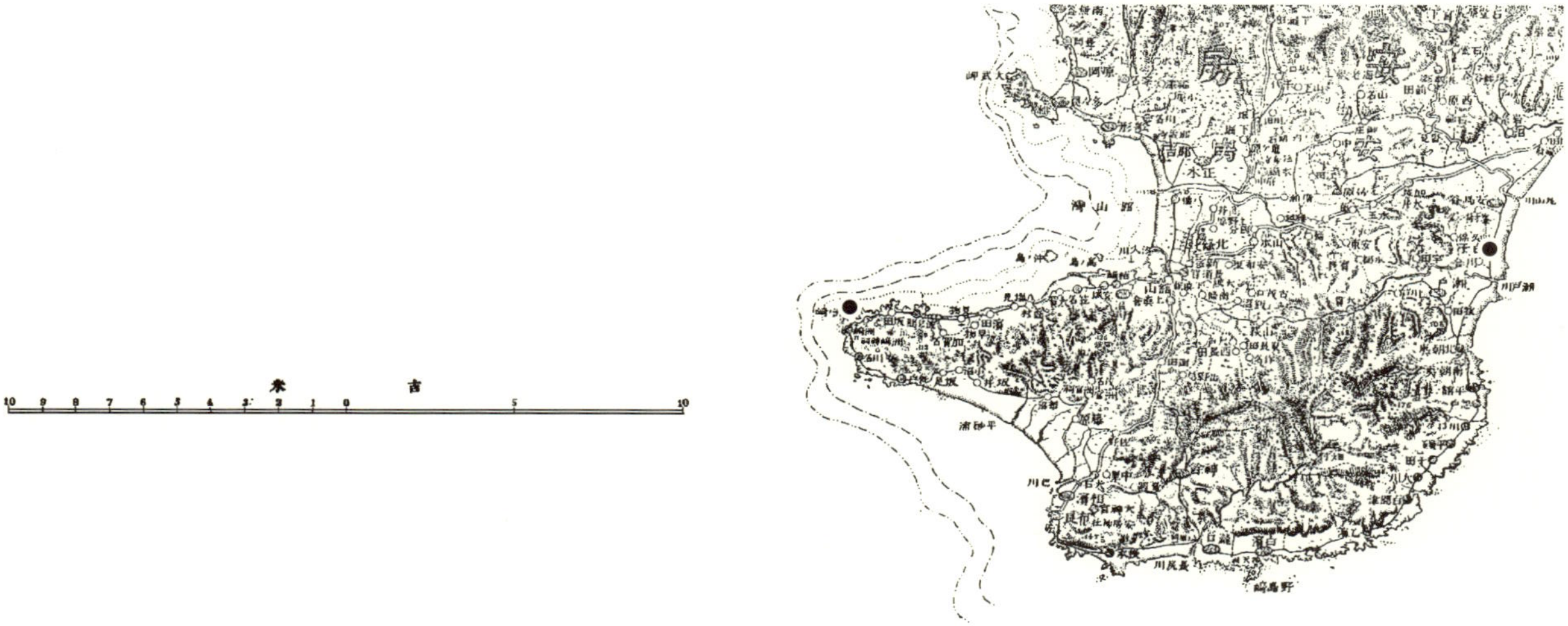

図５　会津・白河二藩体制下の台場・遠見番所（文化７年～文政３年）
「1/200000　横須賀」（陸地測量部、1894 年）に加筆。
※ 図中の●が台場・遠見番所の位置

帆したため、「台場前乗り過させ候段は不念之事には候得共……見留兼候役は無余儀趣に有之候間、不被及御沙汰[60]」として、警備担当藩の責任は不問に付された。そればかりか幕府は会津・白河両藩に対し、「渡来後固め人数差出し方、其の外、万端手筈行届、家来も格別致出精候段、畢境平常心懸宜申付行候故と相聞候。此段、可申聞旨、御沙汰に候[61]」という形で、「ブラザーズ号」来航後の対応について一定の評価を下している。

この「ブラザーズ号」来航事件を機に、幕府は江戸湾の警備体制を見直し、翌文政二年閏四月、城ケ崎と洲崎を結ぶ湾の入口で外国船を乗り止めるという従来の方針を、「万一、順風等にて迅速に乗入れ御節は、是非観音崎・富津辺にて差押へ、先穏に取計、若手向等に及候はゞ、打留候様可致候。且又、時宜に依り、右要地をも越候節は、速に可打払[62]」という形に変更することとなった。

こうした警備体制の変更を受けて文政四年九月、「洲崎の台場を富津へ引移すべき旨[63]」の幕命が白河藩へ下された。同藩は遠見番所だけを残し、文政五（一八二二）年に洲崎台場の備砲や番士を富津の台場と陣屋へ移転させた。富津台場は、「平洲上に西南に向ひて屹立し、東西弐拾間程、南北四五間、石壁瓦屋、堅実無双、数個所に矢狭間を設けて、左右高低打放ち自在なり[64]」という構造で、守備兵は富津陣屋に詰めた。

松平定信は幕命に従って洲崎台場を引き払ったが、江戸湾防衛の重点を海口から内海との境界に変更したことについて、「十里退守[65]」と批判していた。また房総の警備にあたる白河藩士らも「実に慨嘆に堪へざるは勿論なりし[66]」という状況で、洲崎から富津への台場移転は「恨を呑ミて[67]」おこなわれたという。しかし、城ケ崎と洲崎を結ぶ海上（直線距離で二〇キロメートル余）において、外国船の進入を確実に阻止することは、当時の監視技術では困難であった。この時点で幕府が、防禦線の重点を観音崎と富津を結ぶ線（直線距離で約八キロメートル）に後退させる命令を出したことは、現実的な判断として妥当なものであったといえよう。

註

（1）「文化七年二月　三浦郡浦賀辺警衛会津藩主松平容衆任命書」（神奈川県県民部県史編集室編『神奈川県史　資料編十　近世（七）』神奈川県、一九七八年）五頁。
（2）飯沼関弥『会津松平家譜』（自家版、一九三八年）一七七頁。
（3）同右、一七七～一七八頁。
（4）星正夫「会津藩相州警備考」（『会津史談』第五十二号、一九七九年五月）一〇九頁。
（5）相武史料刊行会編『新編相模風土記』（相武史料刊行会刊、一九三〇年）八九四頁。
（6）赤星直忠『横須賀市史　八　三浦半島城郭史　上巻』（横須賀市教育委員会、一九五五年）一一八頁（以下『三浦半島城郭史　上巻』と略記する）。
（7）前掲『新編相模風土記』九〇二頁。
（8）「相州御備場松平肥後守跡被仰せ付候ニ付諸進達留」（横須賀史学研究会編『浦賀奉行所関係史料　第一集』たたら書房、一九六八年）三四五頁（以下「文政四年諸進達留」と略記する）。
（9）前掲『新編相模風土記』九〇二頁。
（10）前掲「文政四年諸進達留」三二六頁。
（11）猪股恒三「会津藩の相州沿岸警備」（会津武家屋敷編『ペリー来航　江戸湾警備と会津藩』会津武家屋敷、一九九二年）二七頁。
（12）前掲『新編相模風土記』八一〇頁。
（13）前掲『三浦半島城郭史　上巻』一一二頁。
（14）前掲『新編相模風土記』九三九頁。
（15）杉本勲ほか編『幕末軍事技術の軌跡――佐賀藩史料〝松乃落葉〟――』（思文閣、一九八七年）四八頁。
（16）「浦賀湊略図」（山本詔一編『三浦半島見聞記』横須賀市、一九九九年）二二一頁。
（17）前掲『三浦半島城郭史　上巻』九二頁。
（18）前掲「浦賀湊略図」二二一頁。
（19）同右。

(20) 前掲『幕末軍事技術の軌跡――佐賀藩史料〝松乃落葉〟――』四八頁。
(21) 伴三千雄「文化年間の砲台築造」(『歴史地理』第四十七巻第六号、一九二六年六月)三九頁。
(22) 前掲『三浦半島城郭史　上巻』一一一～一一二頁。
(23) 「浦賀見聞誌」(前掲『三浦半島見聞記』)七頁。
(24) 前掲『新編相模風土記』九七二頁。
(25) 前掲『会津松平家譜』一八〇頁。
(26) 原剛『幕末海防史の研究――全国的にみた日本の海防態勢――』(名著出版、一九八八年)一四頁。
(27) 小川渉『会津藩教育考』(東京大学出版会、一九七八年)二九二頁。
(28) 猪股恒三「相州警備十年」(『会津史談』第五十号、一九七七年五月)八九頁。
(29) 前掲『会津藩相州警備考』一一三頁。
(30) 前掲『会津藩教育考』二四八頁。
(31) 前掲『会津松平家譜』一八〇頁。
(32) 同右、一八一頁。
(33) 藤井甚太郎「江戸湾の海防史」(日本歴史地理学会編『武相郷土史論』有峰書店、一九七二年)三三八頁。
(34) 小山正武「維新前日本の国防武備」(史談会編『史談会速記録　合本二十』原書房、一九七三年)三六六頁。
(35) 同右、三六七～三六八頁。
(36) 君津郡教育会編『千葉県君津郡誌　上』(名著出版、一九七二年)六八五頁。
(37) 前掲「維新前日本の国防武備」三六九頁。
(38) 同右、三六八頁。
(39) 前掲『千葉県君津郡誌　上』六八五頁。
(40) 渋沢栄一『楽翁公伝』(岩波書店、一九八三年)三五一頁。
(41) 同右、三五二頁。
(42) 「遊房総記」(改訂房総叢書刊行会編輯『改訂房総叢書　第四輯』改訂房総叢書刊行会、一九五九年)一三一頁。
(43) 同右、一三二頁。
(44) 改訂房総叢書刊行会編『改訂房総叢書別巻　房総通史』(改訂房総叢書刊行会、一九五九年)八七五頁。

(45) 前掲『楽翁公伝』三五三頁。
(46) 前掲『改訂房総叢書別巻　房総通史』八七五頁。
(47) 前掲『楽翁公伝』三五二頁。
(48) 同右。
(49) 千葉県文化財センター編『千葉県中近世城跡研究調査報告書：造海城跡測量調査報告　第十五集』（千葉県教育委員会、一九九五年）。
(50) 前掲『楽翁公伝』三五三頁。
(51) 「諸砲空径弾量比例表」（上田帯刀『西洋砲術便覧　初編上』黄花園蔵板、一八五三年）三丁。
(52) 行田市史編纂委員会編『行田市史　下』（行田市役所、一九六四年）一一一頁。
(53) 木村礎ほか『藩史大事典　第一巻』（雄山閣、一九八九年）二五三頁。
(54) 前掲「維新前日本の国防武備」三六八頁。
(55) 前掲『会津松平家譜』一七九～一八〇頁。
(56) 前掲「遊房総記」一三一頁。
(57) 「先年異国船漂着之節之始末承合候覚」（前掲『神奈川県史　資料編十　近世（七）』）三六頁。
(58) 前掲『会津松平家譜』一八〇頁。
(59) 「ブラザーズ号」にはゴードン船長以下九人が乗り組み、「鉄炮二挺・短筒四梃・大銃二挺」が搭載されていた（「文政元年五月　英国船浦賀渡来につき書上」、前掲『神奈川県史　資料編十　近世（七）』二九頁）。
(60) 前掲「遊房総記」一三一頁。
(61) 同右、一三一頁。
(62) 同右、一三二頁。
(63) 前掲『楽翁公伝』三五六頁。
(64) 前掲「遊房総記」一二九頁。
(65) 同右、一三二頁。
(66) 前掲「維新前日本の国防武備」三七五頁。
(67) 同右。

三、幕府直轄体制

文政三（一八二〇）年二月二十八日、幕府は会津藩の内願を容れて同藩の相州警備を免じ、代わって浦賀奉行にその任を命じた。引継ぎにあたって「台場は勿論、遠見番所・陣屋共其侭為差置」[1]という形で、防禦施設の一切が浦賀奉行の管下へ移されることになり、幕府は会津藩主松平容衆に「時服三十領、黄金一万金」[2]を下賜して、同藩が建設した「砲台などの買上料」[3]に充てた。

同年十二月二十九日、「此度御備場浦賀奉行持に付、精入可相勤、依之別段之思召を以、諸大夫被仰付」[4]旨の幕命を受けた浦賀奉行内藤外記は、「城ケ崎台場は取払、遠見番所斗差置、燈明堂、観音崎、二ケ所ニ而御備」[5]という方針を示した。浦賀奉行所がこれらの海防施設を引き継いだのは、文政四（一八二一）年四月のことであり、平時の警備に充てるため「平根山、観音崎両所に、与力三人、同心十人宛、安房崎遠見番所に同心三人つつ」[6]を配置した。しかし浦賀奉行の配下には、総勢で「与力十八人、同心七十四人」[7]というわずかな兵力しかなかったため、幕府は川越藩と小田原藩へこれを補佐するための「相州海岸の守禦」を命じた。

川越藩では、相州警備再任にあたって領地替えを命じられ、「先年引替被下候武州之内、壱万五千石之処相州之内ニ而村替」[8]がおこなわれて、三浦郡三十三ケ村と鎌倉郡十三ケ村が改めて分領となった。川越藩では、以前郡方役所を置いていた浦郷に陣屋を設け、次のような相州詰と呼ばれる藩兵を配置した。

相州詰陣屋居附人数(9)

物頭壱人　目付壱人
徒目付壱人　足軽小頭壱人
足軽弐拾人　医師其外郷方取扱之者
大筒三挺　鉄砲拾六挺
弓四張

また、有事に即応するために国元から相州へ派遣される「一番手」の編成についても、次のように規定していた。

浦賀最寄異国船渡来之節、不取敢差出候一番手人数(10)

武者奉行壱人　物頭弐人
目付壱人　炮術之者拾五人
筆談之者壱人　徒目付壱人
忍之者壱人　貝太鼓役弐人
足軽小頭弐人　足軽四拾人
浮手足軽拾人　長柄之者拾人
医師其外賄之者　大筒五挺

鉄砲三拾弐挺　　弓八張
長柄鑓拾本

同時に、分領における人馬の動員態勢も整えられ、文政五（一八二二）年一月時点で「人足五千六百八十六人、馬三百三十八疋」(11)の徴発が可能とされていた。さらに各村の名主らへ「船水主差配」を命じ、「一代苗字差免弐人扶持ツ、差遣、御人数出之節ハ帯刀差免」(12)という待遇で、船や水主の管理にあたらせた。

小田原藩でも、浦賀援兵の任務が付与されるにあたって、常州河内郡・真壁郡と相州三浦郡との領地替えを命じられ、新たに五千五百石余の分領を三浦半島へ有することとなった。文政四年四月、小田原藩では「御使者心得」を藩内に通達し、浦賀援兵のため「壱番手・二番手御調被置、壱番手之儀者同所御奉行所より御沙汰次第早速被差出、二番者控同様御備被置、模様ニ寄被差出候事」(13)と定めた。

この援兵について小田原藩は、「松平肥後守様代りと申ニ者無之……船之模様ニ寄……出勢之義御通達在之、右御沙汰次第御調通之御人数被差出候事ニ候」(14)としており、あくまで海防任務の主体は前任の会津藩からこれを引き継いだ浦賀奉行所で、小田原藩は川越藩と共に浦賀奉行所を補佐する立場にとどまるものであることを確認している。

浦賀援兵に出役する藩士の服役期間は「三ケ年ニ心得可申事」(15)とされていたが、出兵時に「産穢・忌中之面々ハ被遊御免候」(16)とし、不足する人数に関しては「弐番手御人数之内より代り可被仰付候事」(17)となっていた。なお一番手・二番手それぞれの具体的な編成内容は明らかでないが、文政五年の「サラセン号」来航の折に出兵した藩士・足軽の総勢は八十人であり(18)、一手当たりの戦力は概ねこの程度の規模だったことがうかがわれる。

文政五年四月、イギリスの捕鯨船「サラセン号」は、四月二十九日に房州洲崎沖を航行しているところを発見され、白河藩が押送船を出してこれを乗り止めたのち、浦賀奉行所が同船を浦賀港へ引き入れて臨検した。この経緯については、次のような回想がある。[19]

文政五年壬午五月英国船来り浦賀へ入る、其の浦賀に入らざる前其の英船が房州海上を過ぎ陸地の形勢を伺ふの状あり、白河藩士竹岡砲台に在る者の中両人即ち監察松浦周蔵及び馬廻鈴田営助直ちに急舸を飛ばして之を追ひ大房浦に於て之に追及し其の船に飛乗り船長に面談之れを抑留して以て浦賀に入らしむ、之に続きて幕府の諸臣僚出張し其の英語に応接し以て処分を完ふすることを得たり

幕府は「サラセン号」を臨検したのち、その要請を容れて薪水を給与し、穏便に退去させた。「サラセン号」が浦賀港を退帆したのは五月八日のことであり、この間、白河・川越・小田原の三藩が浦賀とその周辺に派遣した人員は千七百九十九人（うち水主七百八十三人）に及んだ。白河藩では、五百十七人の人員（水主に四十人を含む）と共に、押送船二十艘を繰り出している。[20] 川越藩は、浦郷陣屋から相州詰の士卒百十六人が、水主八十七人と「押送船九艘・天当船三艘」を伴って出動した他、国元から三百四十八人の士卒が「一ノ手」として派遣され、水主三百三十四人と「五大力船四艘・押送船十二艘・天当船十九艘・五大力引船二十四艘」を伴って配置についた。[21] 小田原藩では、三百九十七人の人員を派遣しており、「固船十二艘・通用船五艘」を操る水主が、このうち百二十二人を占めた。[22]

ちなみに「サラセン号」は、全長三十間・幅五間程で三本の帆柱を有する帆船だった。乗組員は四十五人（一人病死）で、捕鯨船であることから、ほとんど武装していなかった。[23] その意味で日本側の警備体制は、過剰気味の感があったといえよう。浦賀港警備を担当した諸藩へ引き取りの命令が下されたのは、同年五月十一日のことであり、各

藩とも速やかに藩兵を国元へ帰した。

文政六（一八二三）年三月、幕府は松平定信に対して「勢州桑名江所替[24]」を命じ、房総警備の任を解くと共に「時服と三千両[25]」を下賜した。さらに佐渡奉行支配組頭森覚蔵が代官に任じられ、白河藩に代わって房総の海防施設を管理することになった[26]。

佐渡奉行支配組頭
森　覚　蔵

御代官被仰付、安房、上総御備場御用可相勤旨、依之布衣被仰付、本高百俵被成下、勤候内御役料三百俵被下之、右被仰付旨、於御右筆部屋縁頬、老中列座、出羽守申渡之

代官森覚蔵はその管下に房総御備場掛を置き、「富津竹ケ岡詰共合て二十一人見習之者四人郷足軽十五人[27]」の計四十人にわたる人数を配置したが、浦賀奉行所の場合と同様、兵力寡少の問題は明らかだった。このため文政六年九月、佐倉藩と久留里藩に対して「安房上総御備場最寄江異国船渡来之節、御備場御用相勤候御代官より申越次第、早速人数差出候様致さる可く候[28]」旨の幕命が下された。

この命を受けた佐倉藩では、代官森覚蔵からの要請を受けた際に派遣する藩兵の編成に着手し、翌文政七（一八二四）年六月には「壱番手九十人、弐番手百五拾人、三番手百九人[29]」から成る御備場への陣容を定めた。総奉行は金井右膳、軍師は中沢勘兵衛で、陣立は「甲州五段ノ備」であった[30]。佐倉藩は享保年間から甲州流の兵法を採用しており、その内容は「甲冑着用ノ操練[31]」を主とする和流兵法だった。さらに文政八（一八二五）年九月、佐倉藩では千葉町に

居小屋を建設し、藩士八十名を常駐させて出兵のための拠点とした。また、代官からの派兵要請に際して、「領分海辺より富津迄乗船仕候方、弁利ニ御座候」[32]との観点から、居小屋の管下に押送船二十艘を備えた。

久留里藩でも「東西御浜固」の幕命を受けると、有事に際して出動するための陣立を編成した。文政〜天保年間の具体的な陣容については不明だが、弘化二（一八四五）年時点の記録を見ると一番手・二番手の構成となっており、その内容をうかがい知ることができる。まず先陣となる一番手は、武者奉行以下百五十五人から成り、「貳百目筒一挺・百目筒一挺・十匁筒五挺・小筒（六匁筒・三匁五分筒）二拾挺」を装備していた[33]。続く二番手は者頭以下百三十五人から成り、「百五十匁一挺・百十匁一挺・十匁五挺・小筒廿挺」を装備して後陣となった[34]。

久留里藩の陣立は長沼流で、砲術には荻野流増補新術を用い、「先陣後陣或ハ後詰御出馬等ノ御陣法」を厳重に定めていたとされる[35]。また文化八〜九年にかけて、幕命により「守城砲」と名づけられた「三百目筒」以下数十門の大砲を鋳造し、海防に備えた[36]。

他方、正確な時期は詳らかでないが、藩主黒田直静は佐倉藩主堀田正倫と共に房総の御固場を巡視し、「防禦ノ術」を議しており[37]、寛政期に発せられた「隣領等江も兼而手筈可被申合置事[38]」との幕命が、代官森覚蔵の援兵となる佐倉・久留里両藩の間でも履行されていたことが知られる。

江戸湾海防における幕府直轄体制は、相州と房総の御備場が「全く代官政治の下に属した[39]」文政六年以降確立されることとなったが、その内実は「守備兵力の著しい縮小[40]」にほかならなかった。こうした背景には、ロシアの極東戦略がナポレオンとの戦争を機に後退しはじめ、「一時険悪となった日露関係は好転[41]」のきざしを見せていた、という外交関係の変化があった。

その一方で、イギリス船が日本近海に現れるようになり、海防上の新たな問題となった。文政年間に日本へ来航し

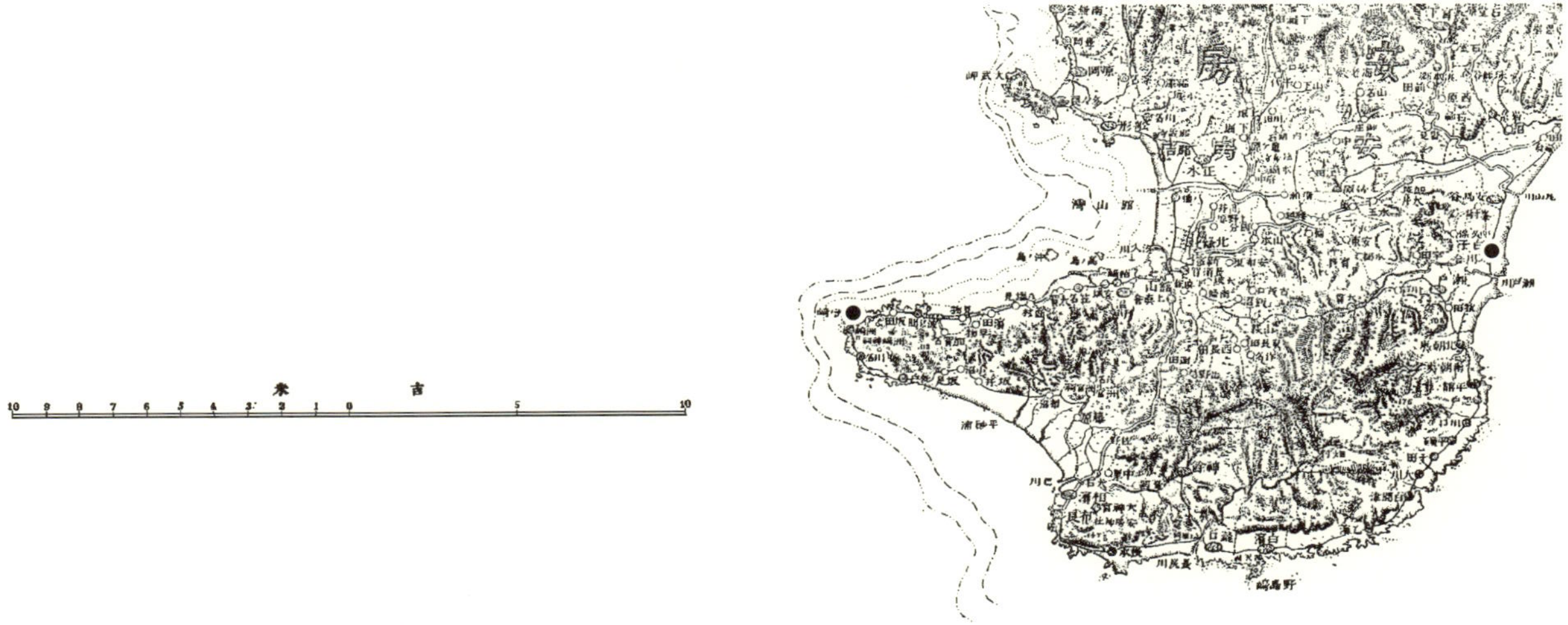

図６　幕府直轄体制下の台場・遠見番所（文政６年〜天保13年）
「1/200000　横須賀」（陸地測量部、1894年）に加筆。
※ 図中の●が台場・遠見番所の位置

たイギリス船のほとんどは、捕鯨に従事する漁船であり、文政七年五月のイギリス捕鯨船員による常州大津浜上陸事件に代表されるような、薪水や食料の補給を求めるケースが多かった。同年七月、天文方の高橋作左衛門は「近年英吉利漁船度々東海え渡来仕候に付寓意申上候書付[42]」を幕府に提出し、「夷船見掛次第打払候様被仰付候」ことを進言した。この中でまず高橋作衛門は、イギリスの漁船が日本人漁民と「内密に交易」したり、「彼国の教法を勧誘」したりする惧れがあることを指摘している。その一方で、「僅の漁船」に対しても大規模な警戒出動をおこなう現下の態勢は、「如何にも夷船を恐れ候様」に見えて嘲りを受ける懸念があり、警固にあたる諸藩の負担も大きいことから、「船寄せ易き処へ台場を築き玉目一貫目位の大筒二三挺つゝ相備兼て御代官領の地頭より其処之名主長百姓共へ合薬を渡置夷船見掛次第玉込不仕三発斗り放候は丶決手近寄間敷候」ことを提案したのであった。また、こうした方針を「長崎奉行より甲比丹へ精々申含且其意を書取らせ英吉利官人え送らせ」、周知させることも付言している。

幕府は、折柄発生したイギリス船による薩州宝島での家畜略奪事件を踏まえ、高橋作衛門の建議を容れて、翌文政八年二月十八日に「異国船乗寄候ハヽ可打払旨御書付[43]」を布達し、「無二念打払」を下令した。その内容は、「異国船乗寄候を見請候ハヽ、其所ニ有合候人夫を以、有無ニ不及、一図ニ打払、逃延候ハヽ、追船ニ不及、其侭ニ差置、若押而上陸いたし候ハヽ、搦捕又ハ打留候而も不苦候、本船近付居候ハヽ、打潰候共、又時宜次第可計旨」とあるように、欧米諸国の来航船全体を打払の対象として「見掛図を不失様取計候処、専要之事ニ候」旨が命じられていた。

無二念打払令の施行後、十年余の間は外国船来航にまつわる大きな事件もなく平穏に推移したが、天保八（一八三七）年六月の「モリソン号」来航に際して、打払いが実行されることとなった。「モリソン号」は、日本人漂流民の送還と共に通商を求めて浦賀へ来航したアメリカの商船で、天保八年六月二十八日に浦賀沖へ来航・投錨した。この日の早朝、安房崎遠見番所の同心から「城ケ嶋沖午之方五六里沖合ニ異国船壱艘相見江候[44]」との注進を受けた香山助

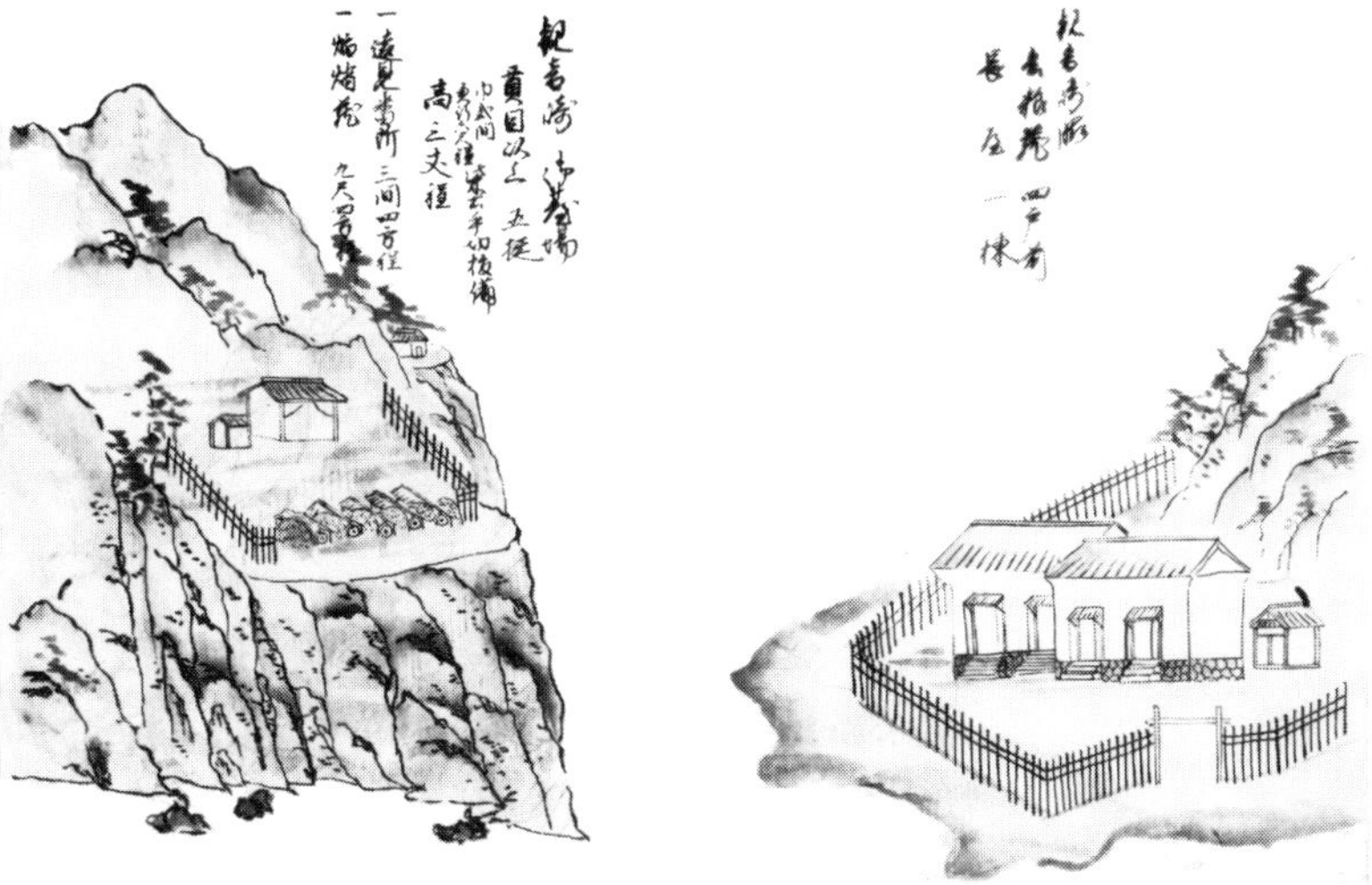

図７　観音崎台場
出典：「相房御固場艸稿」（神奈川県立金沢文庫所蔵）。

七郎（三崎御役宅詰与力）は、直ちに浦賀奉行所へ報告した。当日は雨天だったため、平根山台場から「モリソン号」を視認できず、浦賀奉行所では、与力・同心を押送船に乗り組ませて「黒船相州金田沖紛走いたし居候」[45]ことを確認。この報告に接した浦賀奉行太田運八郎は、平根山台場へ赴き、打払いの指揮をとることとなった。

太田運八郎は当初、「平根山御台場大筒ニ而号砲打払」を命じていたが、「モリソン号」が海獺島に接近して来たため、六月二十八日「午下刻」に「玉込打払」すなわち実弾射撃を下令し、同時に観音崎台場へも「空炮打払」を命じた[46]。平根山台場には「貫目以上大筒　五挺」[47]が備えられていたが、台場の立地条件が「海面より三四間高く打払便利不宜」[48]という状況だったため、初日の砲撃では命中弾を得られなかった。なお、一説には、同日におこなわれた射撃は「一貫目実弾一個ヲ放」[49]ったただけともいわれ、この時点で必ずしも本格的な砲戦を企画していたわけではなかったことがうかがわれる。

その後「モリソン号」が「野比村字白根沖空眼見凡五六町程之場所江船掛[50]」したため、夜間に野比村の海岸へ火砲数門を引き出し、翌六月二十九日未明に停泊中の同船を射撃した。この時の状況については、「廿九日未明ゟ三百目玉御筒ニ而異船打払候処、碇巻取、同日辰ノ上刻退帆いたし、異国船ゟ鉄炮等打不申候[51]」と記されている。さらにこの日の早朝には、御備船を野比村沖に繰り出し、「百目玉・五拾目玉・三拾目玉御筒ニ而異船追討[52]」がおこなわれた。

一方、砲撃を受けた「モリソン号」の側でも、この時の状況を次のように記録している。少し長くなるが、日本側からの砲撃の様子を生々しく伝える内容なので、以下に引用する[53]。

夜明直前にひどい驟雨があり、半時間程天候の模様をみていると、夜の間に我々に気の付かぬようにこつそりと船に一番近い箇所に据え付けられた二門乃至四門の大砲から突然射撃を受けた。一弾が唸りを生じて船の上を過ぎ、続いて三発が、小舟から上陸した一行の集結している丘の上の四門の大砲から発射された。不意の出来事だつたので我々はその意図が分らず、当惑してまず旗を揚げ、やがて白旗を揚げて陸からの来訪を求め、その理由を説明して貰うことにした。しかし我々の合図は一顧も与えられずして砲撃が続いたので錨を上げ、帆を張ることにした。退却する意図を示すためにスパンカーを上げたが砲撃は益々劇しくなり、遂に一弾は舷牆に命中し甲板をすり抜けた。然し別にそれ以上の損傷はなかつた。船は左舷が砲台の方を向き、舵が砲火に曝された。（中略）船が錨を上げ、微かな風の働きによつて徐々に砲撃圏外に立退くまで丸半時間砲撃が続き、砲弾の落下地点が遠のいて本船の通つた航跡に次々に落下するようになり、既に危険を脱したと我々が明瞭に覚えるまで続いたのである。船に命中した一弾は先づ前部の鏈と主鎖との間の舷窓を突き抜け、甲板の板三枚を破り、はね上つてロングボートの舷側板に当たり再びバウンドして海中に落下した。（中略）一時間も砲撃に曝されている間に一人も負傷者を出さなかつたのは神の庇護によるものである。大砲の操縦は下手で、弾丸は或は頭上を超え、或は船と陸の中間に落下したが、砲弾が通過する時非常に大きな唸りを立てたのは弾の製造が粗雑な為であろう。（中略）退去に際して、船の近くの断崖から海に向つて一条の砕け波のあることが引潮のため判明したが、幸い風向がよかつた為にその上手を通過し、間もなく弾丸と岩の危険はなくなつた。この時早朝見た砲艦が岸を離れて我々を追つて来たが、どれも各一隻に三、四十人の者が乗り組んでおり、旗を揚げていた。砲が賞賛すべき動作で我々を狙い、旋回発射された。かなりの距離を待避して停船し、彼等の近づくのを待つたが、やがて引き返えして行つた。港外は波が高く強い風が吹いていた。港を出てくる時、中国語で、役人の来訪を求め、水を欲する旨を認めた一枚のカンバスを海中に投下した。一艘の小舟が之を拾い上げたが、此方へは来ずにそのまま陸の方へ行つてしまつた。

浦賀奉行所では、文政三年に海防上の職務が付与されたのをきっかけとして、与力・同心への砲術稽古を実施するようになった。その内容は井上流や田付流といった和流砲術で、所管の台場に配備された火砲も全て和筒だった。「モリソン号」事件で使用されたのは、一貫目筒（口径約五九・三粍）・三百目筒（口径約五四・五粍）・百目筒（口径約四一・二粍）・五十目筒（口径約三二・四粍）といった四種類の和筒である。(54)これらの射程距離はおよそ一〇〇〇メートル以外で、命中精度が比較的高いという利点を有していたが、発射される砲弾のほとんどが口径の小さい鉛製中実弾であったという点から見ると、海防のための対艦船用火器としては明らかに威力不足だった。

また和流砲術それ自体も、「長い鎖国で砲の進歩も、射法の進歩も何一つないままに、激動の幕末に入っていた」(55)と評されるように、十九世紀半ばにおいて既にその技術は陳腐なものとなっていた。「モリソン号」は「予め武装を解除[56]」して来航したため、日本側の砲撃が軍事衝突に発展することなく終わり、事なきをえたが、浦賀奉行所の警備兵力と防禦施設の僅少さ、軍事技術（特に在来砲術）の停滞性から考えると、幕命とはいえ「打払い」の実行行為そのものが無謀であったことは否めないであろう。

「モリソン号」の来航に際し、浦賀奉行所は川越藩と小田原藩に援兵の出動を下令した。川越藩では、浦賀奉行所からの「打払候様差図」を受けて、浦郷陣屋詰の藩士から成る一番手十二人が三隻の軍船を用意してその準備にあたったが、この間に「モリソン号」が退去したため、交戦に至らなかった[57]。また小田原では、重役三人とその他の待分十五人が漁船十一隻に乗り組んで浦賀へ急行したが、七月一日夜に到着した時、既に「モリソン号」は退去したあとで、程なくして小田原へ戻っている[58]。

ちなみに「モリソン号」事件において浦賀奉行所は百八十三隻の船（押送船三十三・漁船百四十八・五大力船二）と水主一千三百五十二人、人足一千三百六十六人を動員しており、その経費として八十五貫七十文四分二厘を要した[59]。

註

(1) 横須賀史学研究会編『新訂　臼井家文書　第四巻』（横須賀史学研究会、一九九九年）二七頁。
(2) 飯沼関弥『会津松平家譜』（自家版、一九三八年）一八一頁。
(3) 藤井甚太郎「江戸湾の海防史」（日本歴史地理学会編『武相郷土史論』有峰書店、一九七二年）三三八頁。
(4) 国書刊行会編『通航一覧　八』（清文堂、一九六七年）四〇二頁。
(5) 前掲『新訂　臼井家文書　第四巻』二六頁。
(6) 前掲『通航一覧　八』四〇二頁。
(7) 勝安房編『陸軍歴史　上巻』（原書房、一九六七年）三七五頁。
(8) 「文政三年十二月　三浦郡浦賀辺人数差出につき領地替達」（神奈川県県民部県史編集室編『神奈川県史　資料編十　近世

（七）』神奈川県、一九七八年）三八頁。
(9)「文政四年二月　相州警備差出人数書上」（同右）三九頁。
(10)同右。
(11)「文政十一年六月　異国船漂流の節人馬・水主割付帳」（同右）七五頁。
(12)「文政四年八月　相州陣屋付召抱人扶持渡方達」（同右）四三頁。
(13)小田原市編『小田原市史　史料編　近世Ⅰ・幕政』（小田原市、一九九五年）六九三～六九四頁。
(14)同右、六九四頁。
(15)同右、六九六頁。
(16)同右、六九五頁。
(17)同右、六九六頁。
(18)同右、六九七頁。
(19)小山正武「維新前日本の国防武備」（史談会編『史談会速記録　合本二十』原書房、一九七三年）三七八頁。
川越藩の記録にも「サラセン号」について、「異国船四月廿九日夕方、白河様御固場所洲之崎乗抜候ニ付、同所御人数異国船を追懸来候処、浦賀御番所より与力・同心・水主之者とも召連、異国船江乗移、浦賀湊へ只今罷在候処迄引戻、相固候よし御座候」とある（前掲『神奈川県史　資料編十　近世（七）』）三八頁。
(20)「文政五年五月　小田原藩浦賀警固差出人数書上」（同右）五一～五二頁。
(21)「文政五年五月　川越藩相州警固差出人数書上」（同右）四九～五〇頁。
川越藩ではこのほか、兵粮通船を操る水主三十五人を動員している。
(22)「御奉行所届控」（前掲『小田原市史　史料編　近世Ⅰ・幕政』）六九七～六九八頁。
(23)前橋市史編さん委員会編『前橋市史　第二巻』（前橋市、一九七三年）一〇七二頁。
(24)前掲『通航一覧　八』四〇七頁。
(25)前掲「江戸湾の海防史」三三八頁。
(26)前掲『通航一覧　八』四〇七頁。
(27)前掲『陸軍歴史　上巻』三七五頁。
(28)佐倉市史編さん委員会編『佐倉市史　巻二』（佐倉市、一九七三年）六五〇頁。

(29) 同右、六五二頁。
(30) 平野重久「佐倉藩雑史」（佐倉市史編さん委員会編『佐倉市史料　第一集』佐倉市、一九八一年）一八二頁。
(31) 同右、一八二頁。
(32) 前掲『佐倉市史　巻二』六五五頁。
(33) 上総古文書の会編『雨城凾一滴』（上総古文書の会刊、二〇〇九年）一四五～一四八頁。
(34) 同右、一四九～一五一頁。
(35) 同右、一四四～一四五頁。
(36) 久留里城誌編集委員会『久留里城誌』（久留里城再建協力会、一九七九年）七九頁。
(37) 前掲『雨城凾一滴』一四四頁。
(38) 法制史学会編・石井良助校訂『徳川禁令考　前集第六』（創文社、一九五九年）四〇二頁。
(39) 前掲「江戸湾の海防史」三三九頁。
(40) 原剛『幕末海防史の研究――全国的にみた日本の海防態勢――』（名著出版、一九八八年）六頁。
(41) 東京都『東京百年史　第一巻』（ぎょうせい、一九七九年）一三六二頁。
(42) 前掲『陸軍歴史　下巻』四二～四六頁。
(43) 前掲『徳川禁令考　前集第六』四〇四～四〇五頁。
(44) 「天保八酉年異国船渡来之節勤方取調帳」（前掲『神奈川県史　資料編十　近世（七）』）七七頁。
(45) 同右、七八頁。
(46) 同右。
(47) 「相房御固場艸稿」（金沢文庫所蔵）。
(48) 「浦賀湊略図」（山本詔一編『三浦半島見聞記』横須賀市、一九九九年）二一頁。
(49) 高橋恭一『浦賀奉行史』（名著出版、一九七四年）五九〇頁。
(50) 前掲「天保八酉年異国船渡来之節勤方取調帳」七九頁。
(51) 同右。
(52) 同右。
(53) 相原良一『天保八年米船モリソン号渡来の研究』（野人社、一九五四年）八三～八五頁。

(54) 和筒の口径は鉛弾の質量にもとづいて定められるため、鉄弾を基準とする洋式砲に比べ、同じ玉目ならばその口径は小さくなる。例えば、洋式砲で一貫目（鉄弾で八ポンド）といった場合の口径は約一〇三・二粍だが、和筒では約五九・三粍である。
(55) 斎藤利生『武器史概説』（学献社、一九八七年）六〇頁。
(56) 岡本良知『モリソン号渡来記』（東洋堂、一九四八年）四頁。
(57) 前掲「天保八酉年異国船渡来之節勤方取調帳」七九頁。
(58) 同右。
(59) 「異国船渡来ニ付、相詰候人足・水主扶持米、其外御入用取調書付」（前掲『神奈川県史　資料編十　近世（七）』）八〇～八三頁。

四、川越・忍二藩体制

「モリソン号」事件に衝撃を受けた幕府は、江戸湾防衛を再検討するため、天保九（一八三八）年十二月、目付鳥居耀蔵と代官江川太郎左衛門に伊豆・相模・安房・上総の海岸巡視を命じた。[1] 両者は翌天保十（一八三九）年一～四月にかけて各地の海防御備場を見分し、諸藩からの報告をもとにそれぞれ意見書を提出している。このうち江川の「相州御備場其外見分見込之趣申上候書付」を見ると、「文化度之御撰振合に御復し、十万石以上大名之内心得宜敷者御撰四万石程つヽ領地替之上相州え壹人房総之方へ壹人双方共御備向都て大名持に被仰付[2]」ことが提案されており、爾後の江戸湾防衛の在り方に示唆を与えていることがうかがわれる。

さらに天保十一（一八四〇）年、アヘン戦争で清国が惨敗を喫している旨の情報が「和蘭風説書」によって日本へもたらされると、幕府は無二念打払令にもとづく強硬な海防政策の見直しを迫られることとなり、天保十三（一八四二）年七月に至って「異国船打払之儀停止御書付[3]」を布達した。これは、文政の打払令を撤回して穏便策である薪水給与令に復するというもので、内容的には避戦を基本方針としたものだった。

異国船渡来之節、無二念打払可申旨、文政八年被仰出候、然ル処、当時万事御改正にて、享保寛政之御政事ニ被復、何事ニよらす御仁政事を被施度との難有思召ニ候、右ニ付而ハ、外国之ものニ而も、逢難風漂流ニ而食物薪水を乞候迄ニ渡来候を、其事情不相分ニ、一図ニ打払候而ハ、万国被対候御所置とも不被思召候、依之、文化三年異国船渡来之節取計方之儀ニ付き被仰出候趣相復し候様被仰出候間、異国船と見受候ハヽ、得と様子相糺、食料薪水等乏しく、帰帆難成趣候ハヽ、望之品相応ニ与へ、帰帆可致旨申諭、尤上陸ハ為致間敷候、併此通被仰出候ニ付而ハ、海岸防禦之手当ゆるかせニいたし置、時宜など心得違、又ハ猥ニ異国人ニ親ミ候等ハいたす間敷筋ニ付、警衛向之儀ハ、弥厳重ニ致し、人数共武器手当等之儀ハ、是よりハ一段手厚く、聊ニ而も心馳ミ無之様相心得可申候、若異国船より海岸様子を伺ひ、其場所人心之動静を試候ため抔ニ、鉄砲を打懸候類可有之哉も難計候得共、夫等之事ニ動揺不致、渡来之事実能々相分り、御憐恤之御主意貫き候様取計可申候、され共彼方より乱妨之始末有之候歟望之品相与へ候而も、帰帆不致、及異議候ハヽ、速ニ打払、臨機之取計ハ勿論之事ニ候、備向手当之儀ハ、猶追而相達候次第も可有之哉ニ候、文化三年相触候書面ハ可有之候得共、為心得別紙写可相達候、

同時に江戸湾の海防体制についても見直しが図られ、同年八月には、相州沿岸を川越藩・房総沿岸を忍藩がそれぞれ一手に担当することとなった。川越藩主松平齊典《なりつね》は、幕府から次のような書付を以て相州警備を申し渡され(4)、その中で「武器并固人数」等について、かつての会津・白河二藩体制の時よりも「一段厚ニ相心得」ることが指示されていた。

松平大和守江

相模国御備場之儀向後其方引請ニ被仰付候、安房・上総之方は松平駿河守引請ニ被仰付候間、得其意可被申含、領分之内最寄宜処江家来差置、御備筋厚申付旨被仰出候、尤武器并固人数等松平肥後守・松平越中守御備場相勤候之

節より一段厚ニ相心得武器員数書出置可被申候

またこの年の十二月には、浦賀奉行に対しても「観音崎御台場より走水猿島辺まで浦賀奉行持と可相心得候」[5]ことが下令され、それまで三浦半島における沿岸警備の主体となって来た同奉行所では、所管を浦賀とその周辺地域に縮小した。そして翌天保十四（一八四三）年、浦賀奉行所は観音崎台場と城ケ島の安房崎遠見番所を川越藩に引き渡し、既設の平根山台場と弘化二（一八四五）年に再建した鶴崎台場をその管下に置いて、浦賀港の警備にあたることとなった。鶴崎台場は平根山の南に突出した出崎に位置し、当時小塚と呼ばれていた小島の上に建設された低地砲台である。和筒四門を備え、浦賀奉行所では、平時には平根山詰同心のうち四人を常駐させ、有事には「与力貳人・同心組頭壹人・同心三人」[6]を増加派遣することとしていた。ちなみに弘化三（一八四六）年時点では、平根山台場に「壱貫目玉筒三挺・弐貫目玉筒壱挺」、鶴崎台場に「壱貫目玉筒三挺」が配備されていた[7]。

さて、川越藩では天保十四年二月に大津陣屋を建設し、まず百四十五人の藩兵を相州へ派遣すると共に、浦賀奉行所から観音崎台場の引き渡しを受けて、警備体制の再編に着手した[8]。大津陣屋の普請については「天保十四卯の年二月経始九月に成功」[9]とあり、その規模は「凡壱町半四方他、家数五六百軒、馬十四五疋」[10]であったとされる。その後同藩の相州詰士卒は逐次増員され、この年のうちに五百人余に達した[11]。

観音崎台場は、既述のように会津藩が文化九（一八一二）年に建設した台場であり、浦賀奉行所が文政四（一八二一）年に引き継いで管理していたものを、天保十四年二月二十六日に川越藩へと移管されることとなった[12]。同台場の立地については「観音より七八丁行、水面寄り三十間斗りの山上」[13]とあり、当初の備砲は「大銃五挺」[14]であった。また、遠見番所や塩硝蔵を併設しており、有事の際に警備にあたる人員が次のように定められていた[15]。

図８　旗山台場
出典：東京市役所『東京市史稿　港湾篇第二』（東京市、1926年）。

観音崎御台場当番

組士	五人
大筒方組士	壱人
同役方	四人
御徒目附	壱人
足軽	五人

続いて天保十四年三月には、旗山と十国の両台場建設が開始され、いずれも七月に竣工した[16]。旗山台場は、別名走水台場とも呼ばれ、「水面より高サ丈斗り、広サ百四五十坪斗りの平地[17]」に造られていて、平時には「足軽二人、中間弐人[18]」が警備にあたっていた。また十国台場は「山続の地先の鼻を百坪斗り切平けたる場所[19]」に建設されており、平時の警備人員は旗山台場と同じだった。

またこの年の九月六日、川越藩では安房崎遠見番所を浦賀奉行所から引き継いで、火砲三挺を配備した[20]。

同台場における有事の警備人員は、次のように定められていた。(21)

安房崎御台場当番之事
組士　五人
大筒方組士　壱人
同役方　弐人
足軽　五人

他に竣工時期は明確でないが、川越藩では鎌倉郡腰越の小動岬へ八王寺山遠見番所を建設し、相模湾側の警戒にあたった。(22)さらに三崎陣屋や鴨居陣屋を再建し、(23)外国船が来航した際に川越藩の藩兵がとるべき具体的な対応措置を策定した。これによると、川越藩では外国船の江戸湾進入に対し、次のような手順で対処することになっていたことが知られる。(24)

① 異国船を発見したら、遠見番所や台場から狼煙を打ち上げて通報すると共に、大津陣屋へ足軽一人が注進に走る。

② 鴨居の湊から検使を乗せた押送船を出して外国船に乗り付け、「西洋文字尋書」を提示してこれを停止させる。停船させることができたら「白旗」、できなかったら「赤旗」を揚げて合図する。

③ 外国船が停船の指示に従わない場合、一ノ先（押送船一艘）・二ノ先（五大力船一艘）を出してこれを差し押えるための措置をとる。ただしその際も、「下知無之内ハ決而打払候儀致間鋪事」とされていた。

④　検使船が外国船を停船させられず、一ノ先と二ノ先が差し押さえの措置をとる場合、「観音崎・富津辺ニ而是非穏ニ差押、必至ニ食留」めることとされており、最終手段である武力行使を極力回避するという基本方針がとられていた。

⑤　観音崎と富津を結ぶ「要地」を外国船が乗り越え、「不得止打払及ひ候場合ニ至」った場合は、士大将の命令により「速ニ打沈め」る。

⑥　もしも外国船が「内海え乗入候節之義」は、いかなる事情があろうとも「見留次第厳重ニ打沈メ帰帆為致間鋪」方針で、「不打洩様」に準備しておく。

当時における海防の基本方向は、前記した天保の薪水給与令にもとづく穏便策を基調とするものであったが、「富津〜観音崎まで侵入した場合は打沈める」[25]という文化年間以来の防禦計画は、ほぼ一貫して保持されていた。しかし、後述するビッドル来航を経て整備された、弘化三（一八四六）年九月における川越藩の台場の備砲は、次のようなものであり[26]、この時点でも打沈線で実際に武力を行使するのに十分な質と量を備えているとはいい難い内容だった。

観音崎台場
　五貫目狼煙御筒　壱挺
　壱貫目御筒　五挺
十石崎台場
　壱貫目筒　弐挺
　五百目筒　三挺

旗山台場
拾貫目ホンヘン筒　壱挺
弐貫目筒　三挺
壱貫目筒　弐挺
五百目筒　壱挺
安房崎台場
拾貫目狼煙筒　壱挺
壱貫目筒　壱挺
五百目筒　壱挺
三百目筒　壱挺
八王寺遠見番所
八百目筒　壱挺
三百目筒　壱挺
弐百目筒　壱挺
猿島（臨時備場）
三貫目ホンヘン筒　壱挺
五百目筒　弐挺
剣崎（臨時備場）

三百目筒　二挺
荒崎（臨時備場）
百目筒　壱挺
大津陣屋（船備）
五百目筒　弐挺
三百目筒　五挺
弐百目筒　弐挺
百目筒　拾壱挺
三崎陣屋（船備）
弐百目筒　壱挺
百目筒　三挺

これらの火砲のうち「狼煙筒」ないし「ホンヘン筒」とあるものは、狼煙玉（信号弾）およびボンベン（Bommen・炸裂弾）のいずれも発射可能な、和流の曲射砲と考えられる。ちなみに五貫目が四十ポンド（口径約一七六粍）・十貫目が八十ポンド（口径約二二二粍）に比定されるほか、「三貫目ホンヘン筒」については、二十四ポンド（口径一五〇粍）の和製臼砲と推定される。(27)川越藩では、天保十四年に相州警備を一手に任された際、大筒二十四挺の製作を幕府鉄砲方井上左太夫に依頼しており、(28)備砲の多くが井上（外記）流の和筒であったことをうかがわせる。

なお、川越藩では天保十四年六月、相州警備を担当するにあたって領地替えの幕命を受けており、その内容は「城

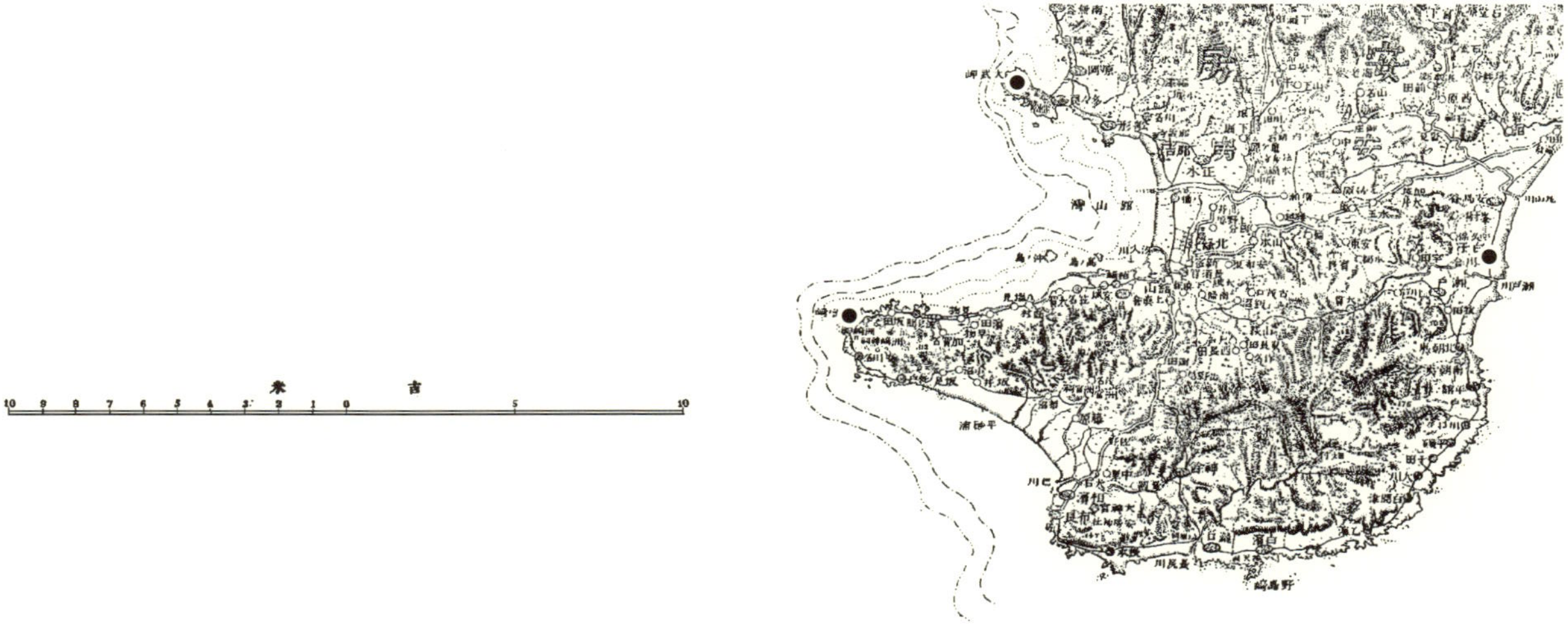

図９ 川越・忍二藩体制下の台場・遠見番所（天保13年〜弘化4年）
「1/200000　横須賀」（陸地測量部、1894年）に加筆。
※ 図中の●が台場・遠見番所の位置

付を除く武蔵国と上野、近江に散在する二万七千石を上知させ、代知として相州三浦・鎌倉両郡と武州久良岐・比企郡の内に一万九千石余を与える」[29]というものだった。

一方、房総側の沿岸警備は、天保十一年六月に森覚蔵から羽倉外記に代わり、さらに天保十三年四月、篠田藤四郎へと交代した[30]。そして同年八月、忍藩主松平忠国に対し、「安房・上総国御備場之儀、其方引受被仰付候」旨の幕命が下され、翌天保十四年一月に御勘定組頭御代官兼帯の篠田藤四郎から忍藩へ、「富津御台場・竹ケ岡御台場・洲崎遠見番所・白子遠見番所」といった海防施設が引き渡された[31]。

さらに忍藩では、藩士「三百余人[32]」を派遣すると共に川口の鋳物師金太郎と九兵衛に、台場の備砲としてそれぞれ「十貫目筒一挺・五百目筒弐挺・三百目筒四挺」の鋳造を命じ[33]、沿岸警備の強化に着手した。ちなみに忍藩では、房総半島側の江戸湾警備を一手に担当するにあたって、幕府から領地替えを命ぜられており、天保十四年には上総・安房弐国に二万六千石余の分領を得ている[34]。

その後も忍藩の海防体制は逐次増強され、弘化三年九月までには富津・竹ケ岡両陣屋に常駐する藩兵が九百三十三（他に水主六百人）、二番手になる藩兵が九百四十五人を数えると共に、台場の備砲も次のように整備された[35]。

富津台場
　海岸仕掛
　　弐貫目玉筒　壱挺
　　壱貫目玉筒　壱挺
　　六貫目玉筒　壱挺

壱貫目玉筒　弐挺
五百目玉筒　四挺
御多門仕掛
拾貫目玉筒　壱挺
壱貫目玉筒　弐挺
三百目玉筒　三挺
百目玉筒　三挺
五百目玉筒　弐挺
船仕掛け
百目玉筒　壱挺
弐百目玉筒　拾挺
三百目玉筒　壱挺
百目玉筒　拾四挺
竹ケ岡台場
海岸仕掛
壱貫目玉筒　弐挺
五百目玉筒　壱挺
御台場仕掛

壱貫目玉筒　弐挺
三貫目玉筒　壱挺
御多門仕掛
三百目玉筒　四挺
百目玉筒　四挺
壱貫五百目玉筒　壱挺
壱貫目玉筒　壱挺
船仕掛け
弐百目玉筒　四挺
百目玉筒　壱挺
六貫目玉筒　壱挺
拾二貫七百目玉筒　壱挺
弐貫目玉筒　弐挺
百目玉筒　拾挺
洲崎遠見番所
海岸仕掛
五百目玉筒　壱挺
弐百目玉筒　壱挺

船仕掛け
百目玉筒　弐挺
白子遠見番所
船仕掛け
百目玉筒　壱挺

当時の忍藩が採用していたのは、荻野流・武衛流・安東流といった在来の砲術であり、各台場に配置された火砲も、これらの流派に対応する和筒だった。

川越・忍二藩による江戸湾警備体制がとられていた四年余の間に、弘化二年二月の「マンハッタン号」来航、弘化三年閏五月のビッドル来航、同年六月の「ガラテア号」来航といった、三件の外国船来航事件があった。このうち「マンハッタン号」はアメリカの捕鯨船で、日本人漂流民十八人を乗せ、弘化三年三月十一日に浦賀へ来航した。浦賀奉行所では、これらの漂流民を受け取ると共に、食料や薪水を「マンハッタン号」に給与するなど穏便に対応し、同月十五日に退帆させている。[36] また「ガラテア号」はデンマークの軍艦で、弘化三年六月二十八日に薪水給与を求めて江戸湾に来航した。この時の様子については、「丁抹国測量船『ガラテア』、相模海上ニ仮泊ス。浦賀奉行所属吏及川越藩ノ警兵、就テ其伏ヲ偵シ、近海ノ諸侯、亦之ニ備フ」[37]とあり、薪水の給与を受けたのち翌二十九日に退帆している。

これら二件の外国船来航事件は、いずれも一隻のみでの来航で、漂流民送還や薪水給与を求めたものであったため、海防上の重大問題とはならなかった。しかし、弘化三年閏五月のビッドル来航は、アメリカ海軍の軍艦二隻が江戸湾内に進入し、通商を要求したという点で、江戸湾の海防強化の必要を幕府の要路に認識させる一大事件となった。
アメリカ東インド艦隊司令長官ビッドルは、「コロンバス」と「ヴィンセンス」という二隻の軍艦を率いて、弘化三年閏五月二十七日に江戸湾へ来航した。この情報に接した浦賀奉行所では「与力・同心・通詞」の乗り組んだ見届船を六番まで繰り出し、米艦二隻を野比沖で停船させて臨検した。米艦は「大筒武器類多分積入」れた軍艦だったが、「逆意ハ無之様子(38)」で、来航の目的を「当地ニおゐても交易之道を開願せん事ニ御座候(39)」という形で伝えて来た。一方、浦賀奉行大久保忠豊は平根山台場へ出張って全体の指揮をとると共に、川越・忍の両藩へ警戒を厳重にするよう下知し、併せて周辺諸藩へも応援出兵の要請をおこなった。ビッドル来航時の江戸湾における警備体制の重点は次のようなものだった(40)。

平根山台場
　浦賀奉行所・他に小田原藩が加勢
平根山下
　六浦藩（百五十人）
燈明堂浜手
　飯野藩（二百人）
鶴崎台場
　浦賀奉行所・小田原藩
千艘浦

館山藩（百五十人）
久里浜村
勝山藩（百五十人）
三浦より松輪崎金田村・宮田村・津久井・野比・長沢浜手・鴨居村・走水村
川越藩
野比長沢村
小田原藩

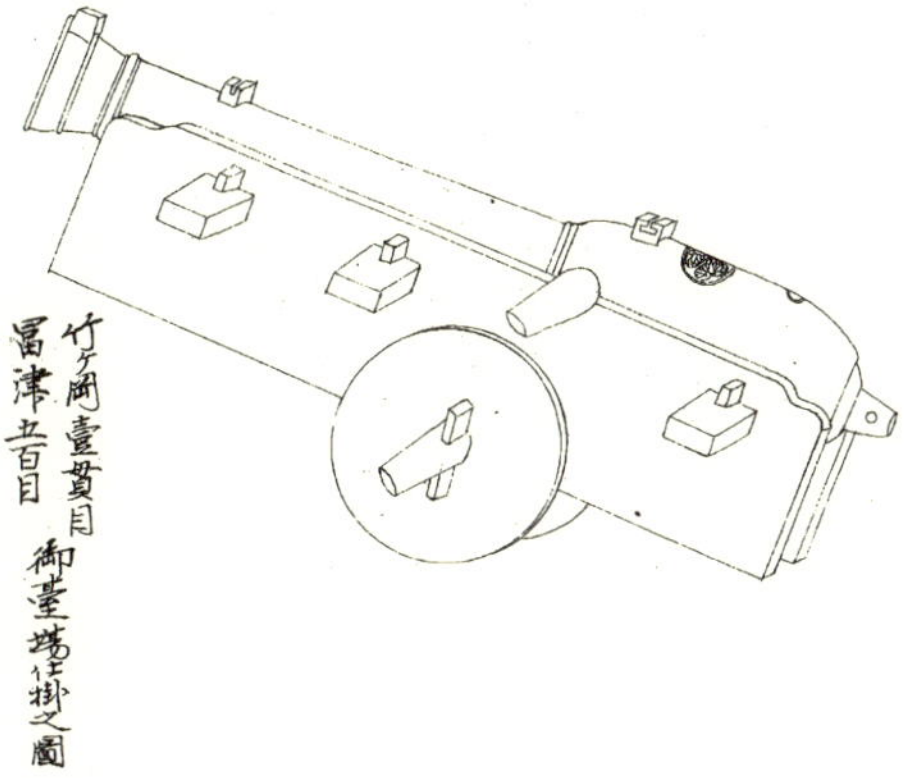

図10　忍藩の備砲（御台場仕掛）
（個人蔵・行田市郷土博物館保管）

海上警備（大船千石以上十七艘、小型六百艘余）
浦賀奉行所
川越藩
忍藩

このうち最大の兵力を出動させたのは川越藩であり、藩兵一千二百十五人・番船三百十四艘・人足三千人余を以て警戒にあたった。(41)また沿岸部六カ所に、藩兵を配置して守備に就いた。(42)

第一番（安房崎台場）
大筒三貫目玉　　三挺

同三百目玉　　五挺
第二番（観音崎台場）
大筒三貫目玉　　二挺
同弐貫目玉　　弐挺
同三百目玉　　五挺
第三番（旗山台場）
大筒三貫目玉　　五挺
同弐百目玉　　五挺
第四番（十国台場）
大筒三貫目玉　　五挺
同弐百目玉　　五挺
第五番（八王寺山遠見番所）
大筒三貫目玉　　二挺
第六番（猿島）
大筒三貫目玉　　三挺
※各陣場とも「七寸口」の狼煙をそれぞれ一本ずつ備えていた。
※この時、猿島にはまだ台場は築かれておらず、臨時の砲座を設けて陣場とした。

一方、忍藩も房総側の警備についており、その規模は「総州富津御台場御固メ・房州竹ケ岡共百首共申所一ケ所・洲之先遠見番所都合三ケ所固メ、人数凡六百人」[43]であったとされる。なお、ビッドルの率いる二隻の軍艦のうち、「コロンバス」は「長四十二間半、巾九間弐分、深六間八分」で艦載砲八十三門、「ヴィンセンス」は「長二十間一分、巾五間九分、深四間四分」で二十四門の艦載砲を有しており[44]、浦賀奉行が「滞泊中兵器ヲ撤スベキヲ諭」[45]したが肯じなかった。この時日本側が陣場に配置した火砲は、浦賀奉行所が七門、川越藩が四十二門、忍藩が八十六門の計百三十五門で、総数においては米艦の艦載砲を上回っていたが、いずれも中実弾を主用する口径の比較的小さい和筒であり[46]、砲戦を想定した場合の火力の劣勢は明らかだった。

ビッドルの浦賀滞泊は十日間に及んだが、幕府は浦賀奉行に命じ、「国法ヲ諭シテ通好互市ノ請ヲ斥」[47]けた。これを受けてビッドルは、六月七日に浦賀を去り、日本側でも六月九日以降江戸湾の警戒体制を解いた。同年八月、幕府は江戸湾防備の現状を把握するため、目付松平近韶に「浦賀表御備場其外巡視」を下令した[48]。松平近韶は九月以降、徒目付田中勘左衛門・佐藤久左衛門を伴って相州・房総・伊豆をまわり、各地の海防体制を巡視して十二月に帰府・復命した。この報告を受けた幕府では、江戸湾湾口の防備増強を検討しはじめ、新たな警備担当藩の任命と、既に配置されている藩の持場替えがおこなわれることとなった。

註

(1) 箭内健次編『通航一覧続輯　第五巻』(清文堂、一九七三年)二七一頁。
(2) 勝安房編『陸軍歴史　下巻』(原書房、一九六七年)三七八頁。
(3) 法制史学会編・石井良助校訂『徳川禁令考　前集第六』(創文社、一九五九年)四〇五～四〇六頁。
(4) 前掲『通航一覧続輯　第五巻』一〇一～一〇二頁。

（5）同右、一〇二頁。
（6）前掲『通航一覧続輯　第五巻』一〇五〜一〇六頁。
（7）「松平式部少輔殿御備場向御見分一件帳」（横須賀史学研究会編『新訂　臼井家文書　第四巻』横須賀史学研究会、一九九九年）一七五頁。
（8）「天保十四年二月　相州備場差出人数につき伺および達書」（神奈川県県民部県史編集室『神奈川県史　資料編十　近世（七）』神奈川県、一九七八年）八七頁。
（9）「相中留恩記略　附録」（金沢文庫所蔵）。
（10）「相房御固場艸稿」（同右）。
（11）埼玉県編『新編埼玉県史　通史編四　近世二』（埼玉県、一九八九年）七一三頁。
（12）前掲『通航一覧続輯　第五巻』一〇一〜一〇二頁。
（13）「浦賀見聞誌」（山本詔一編『三浦半島見聞記』横須賀市、一九九九年）七頁。
（14）相武史料刊行会編『新編相模風土記』（相武史料刊行会、一九三〇年）八九四頁。
（15）「天保十四年九月　異国船渡来の節警備取計方条々」（前掲『神奈川県史　資料編十　近世（七）』）九四頁。
（16）前掲「相中留恩記略　附録」。
（17）前掲「浦賀見聞誌」六頁。
（18）同右。
（19）同右。
（20）前掲『通航一覧続輯　第五巻』一〇三〜一〇四頁。
（21）「天保十四年十月　三崎陣屋心得方条々」（前掲『神奈川県史　資料編十　近世（七）』）一〇二頁。
（22）赤星直忠『横須賀市史　八　三浦半島城郭史　上巻』（横須賀市教育委員会、一九五五年）一〇五〜一〇六頁。
（23）同右、一一二頁、一一七頁。
（24）前掲「天保十四年九月　異国船渡来の節警備取計方条々」九四〜九七頁。
（25）原剛『幕末海防史の研究――全国的にみた日本の海防態勢――』（名著出版、一九八八年）一四頁。
（26）「弘化三年九月　相州備場人数武器書　上」（前掲『神奈川県史　資料編十　近世（七）』）一二八〜一三四頁。
（27）上田帯刀『西洋砲術便覧　初編上』（黄花園蔵版、一八五三年）中の「諸砲空径弾量比例表」による。同書二一〜三三丁。

(28) 前掲『新編埼玉県史　通史編四　近世二』七二三頁。
(29) 川越市庶務課市史編纂室編『川越市史　第三巻　近世編』（川越市、一九七八年）。
(30) 前掲『通航一覧続輯　第五巻』一〇一～一〇二頁、三九四～三九五頁。
(31) 同右、一九一頁。
(32) 同右、一九二～一九三頁。
(33) 行田市史編纂委員会編『行田市史　下』（行田市役所、一九六四年）一一二頁。
(34) 前掲『新編埼玉県史　通史編四　近世二』七一八～七一九頁。
(35) 前掲「松平式部少輔殿御備場向御見分一件帳」一七七～一七八頁。
(36) 高橋恭一『浦賀奉行史』（名著出版、一九七四年）六七〇頁。
(37) 東京大学史料編纂所編『維新史料綱要　巻二』（東京大学出版会、一九八三年）二八頁。
(38) 「弘化雑記　第九冊」（山本詔一編『ビッドル来航と鳳凰丸建造』横須賀市、二〇〇〇年）二五頁。
(39) 同右、二六頁。
(40) 同右、四七～四八頁。
(41) 前橋市史編さん委員会編『前橋市史　第二巻』（前橋市、一九七三年）一〇九一～一〇九二頁。
(42) 「塩原家文庫」（同右）一〇八八～一〇八九頁。
(43) 前掲『行田市史　下』一二六頁。
(44) 前掲「弘化雑記　第九冊」二六～二七頁。
(45) 前掲『維新史料綱要　巻二』二一頁。
(46) 日本側の備砲で最大の口径を有するのは十二貫七百目玉筒（口径約二一〇粍）、最小は百目玉筒（口径約四一・二粍）であった。このうち百目玉筒が計三十六門で全体の二六・六パーセントを占めているのに対し、一貫目玉筒（口径約八七・八粍）以上のものは四十一門で全体の三〇・三パーセントにすぎなかった。対艦船用としては、口径一五〇粍（洋式砲の二十四ポンド以上）の火砲が有用だったが、日本側でこれに相当する口径の火砲は四門しかなかった。
(47) 前掲『維新史料綱要　巻二』二三頁。
(48) 前傾『通航一覧続輯　第五巻』三一四頁。

五、御固四家体制

弘化四（一八四七）年二月十五日、徳川幕府は江戸湾における防衛力拡充のため、彦根藩と会津藩を新たに警備担当藩として選任し、相州側に川越藩と彦根藩、房総側に忍藩と会津藩を配置する海防体制をとった。いわゆる「御固四家体制」とは、これら四藩による江戸湾湾口の警備体制を指すが、浦賀港の警備を担当する浦賀奉行所を加えて、実質的には五つの警備主体が存在していた。

また同時期の海防政策は、天保の薪水給与令にもとづく穏便策を基調とするものだったが、文政八（一八二五）年以来堅持されて来た「観音崎・富津辺にて差押へ……右要地をも越候節は、速に可打払(1)」という外国船への対応を、「たとひ富津の要所を乗越すとも、渡来の事情を尋察し、穏便に扱ひ、臨機の処置あるへき(2)」として、武力衝突の回避を基本方針とするものに変更したことが大きな特色となっていた。こうした防禦方針の変更は、「御固四家体制」成立直後の弘化四年三月十四日に下令されたものだったが、さらに幕府は嘉永五（一八五二）年五月二日、浦賀奉行の職掌を「専ラ港内警備及外人応接(3)」へと集約し、外国船に対する説諭退去を重視した警備体制をとるようになった。

その一方で「御固四家体制」下においては、列強の砲艦外交に対する抑止力形成という観点から、西洋流砲術の導入に代表される沿岸台場の整備や火力の増強が、従来にない規模で実施された。江戸湾警備の現場で西洋流砲術の導入が積極化するのは、嘉永三（一八五〇）年九月に老中阿部正弘が、「海岸守衛心得」のために蘭学を認める旨の触書を発して以来のことである。(4) これは、嘉永二（一八四九）年閏四月のイギリス軍艦「マリナー号」来航を経て、同年十二月二十五日に幕府が発した「防禦手当実用之処厚く可被申付」(5)旨の布達を受けたものであった。

天保十三（一八四二）年以来、相州警備は川越藩一手に任されて来たが、弘化四年に彦根藩の派遣が決まると、同藩は「三浦郡津久井村・上宮田村辺より鎌倉郡腰越村・片瀬村辺迄」(6)の警備を担当することになり、この地域の川越藩分領が彦根藩へ引き渡された。これに伴って同年八月、八王寺山遠見番所と安房崎台場が彦根藩へ移管され、(7)川越藩の手を離れた。この持場替えにより、川越藩の警備担当地域は三浦半島の東南部に縮小されることとなった。

他方、川越藩には、猿島へ新規に台場を建設することが、幕府から命ぜられた。(8)猿島への台場建設については、「弘化四未の年八月御取建始り十一月に成」(9)と記録されており、大輪戸・亥の崎・卯の崎という三ケ所の砲台が竣工した。備砲は、大輪戸に「三貫目玉弐挺、五百目玉壱挺、三百目玉三挺」、亥の崎に「三貫目玉壱挺、壱貫目玉壱挺、三百目玉四挺」、卯の崎に「五百目玉弐挺、壱貫目玉壱挺」の計十五挺が配置された。(10)

次いで嘉永三年十二月、前年の「マリナー号」航来における防備上の問題を踏まえ、幕府から川越藩に対して、既設の観音崎台場を鳶巣へ移転することと、鳥ケ崎・亀ケ崎への台場新設が下令された。これらの台場建設にあたっては、「都而　公儀御入用を以御普請被成下」こととされ、各台場へ配置される火砲や弾薬も幕府から貸与を受けることになっていた。(11)鳶巣台場は、観音崎台場の立地が「水際より二十間余」という高台で「打払不便利」だったことから、(12)その下方の鳶巣崎へこれを移転させたものである。このため、鳶巣台場は観音崎台場と称されることもあった。工事は、「嘉永五子の年正月事始八月に至りて成功」(13)と記録されており、竣工後に川越藩に引き渡された。また鳥ケ崎・亀ケ崎の両台場建設もこれと同時並行で進められ、鳶巣台場と一緒に引き渡しがおこなわれた。なお、これら三ケ所の台場を建設するにあたって、川越藩では「之ヲ洋式ニ改メンコト」(14)を幕府に要請したが、実現されなかった。

これは、幕府が台場の建設工事を地元に請負わせる形をとったため、洋式の築城法に対応することができなかったことにもよるものと考えられる。ちなみに鳶巣台場は永島重美、鳥ケ崎台場は西浦賀の吉兵衛と平吉、亀ケ崎台場は鴨居村が、それぞれ工事を請負った。

鳶巣台場の備砲は「七挺据」とされており[15]、その内訳は「三貫目一挺、二貫目一挺、五貫目五挺[16]」であった。また鳥ケ崎台場は「二貫目二挺、一貫目三挺[17]」の「五挺据[18]」、亀ケ崎台場は「二貫目筒一挺、一貫目筒二挺[19]」の「三挺据[20]」だった。

このほか川越藩の管下には、天保十四（一八四三）年に建設された、旗山台場と十国台場があった。旗山台場は「水面より高サ一丈斗り、広サ百四五坪斗りの平地[21]」に建設されており、弘化三（一八四六）年時点では「拾貫目ホンヘン筒壱挺、弐貫目筒三挺。壱貫目筒弐挺、五百目筒壱挺[22]」を備えていた。十国台場は、旗山と「地続きの地先の鼻を百坪斗り切平けたる場所[23]」に建設され、竣工時には、一貫目筒三挺と二貫目筒二挺を備えていた[24]。しかしその後火砲の換装が度々おこなわれ、弘化三年には「壱貫目筒壱挺、五百目筒三挺[25]」、嘉永三年には「壱貫目玉壱挺、八百目玉筒壱挺、五百目玉筒三挺[26]」となっている。

また川越藩では、彦根藩に引き渡された三崎陣屋の代わりに鴨居へ陣屋を建設し、三崎詰の藩兵を移駐させた。同陣屋は台場下陣屋あるいは観音崎陣屋とも呼ばれ[27]、有事の際には観音崎周辺の台場で任務に就く士卒の屯所となった。川越藩は「御固四家体制」下、大津陣屋と鴨居陣屋を拠点に、前記した六ケ所の台場に藩兵を配置して、江戸湾湾口の要衝警備にあたった。なお各台場の備砲について、川越藩では若干の換装をおこなっており、嘉永六（一八五三）年時点では次のような火砲が配置されていた[28]。

図11　竹ケ岡（平夷山）遠見番所から見た相州側台場
出典：東京市役所『東京史稿　港湾篇第二』（東京市、1926年）。

猿島				
	三貫目	三挺	壹貫目	四挺
	五貫目	三挺	三百目	五挺
旗山				
	拾貫目狼煙筒	一	貳貫目	三挺
	壹貫目	二挺	五貫目	（？）
十石				
	壹貫目	壹挺	五百目	三挺
	二百目	一挺		
観音崎（註。鳶巣）				
	三貫目	一挺	二貫目	一挺
	五貫目	五挺		
亀ケ崎				
	二貫目	一挺	一貫目	一挺
鳥ケ崎				
	二貫目	二挺	一貫目	三挺

相州警備にあたって川越藩が採用していた砲術は、

天保年間以来他の諸藩と同様、在来の和流砲術を主流とするものであった。これについては、「当所に鉄炮方弐人弐流有、壱人ハ外記流ニて公儀炮術方井上家門人也、壱人ハ武衛流の由――外記流最も猿島・旗山・十国・此三ヶ所御台場多しといふ、外記流の持也、武術流は観音崎斗り也[29]」と伝える記録がある。川越藩が西洋流砲術の導入に着手するのは弘化四年のことであり、岩倉鉄三郎・肥田波門・肥田金之助・鹿沼泉平の四人の藩士を、江川太郎左衛門の韮山塾へ入門させている[30]。相州警備の現場で西洋流砲術導入の動きが現れるのは嘉永四（一八五一）年六月以降で、藩士吉村平人が世話役となって、その導入が進められた。なお、同藩の西洋流砲術は「台場警備で用いられたものの、藩の軍制には採用されず[31]」、相州警備においても和流砲術と並存する一流派という位置づけだった。

弘化四年二月十五日に相州警備の幕命を受けた彦根藩は、上宮田村に本陣を置いて二ケ所の陣屋と八ケ所の台場を所管し、久里浜から鎌倉郡腰越にかけての三浦半島南西部沿岸で、海防の任に就いた。

また彦根藩は、相州警備を担当するにあたって、近江の所領のうち一万四千六百石が上げ地され（これは「御預所」として同藩が管理）、新たに相州へ領地が与えられた。その後嘉永二年に彦根藩は近江領を回復し、相州の分領を私領同様の領地とした[32]。

彦根藩が管掌した八ケ所の台場は、川越藩から引き継いだ安房崎台場と八王寺山遠見番所、弘化四年以降に新設された千駄崎・剣崎・荒崎の三台場、嘉永年間に入って建設された大浦山・掃山の両台場、浦賀奉行所から嘉永五年に引き継いだ千代ケ崎台場から成り、同藩では二千余人の藩兵を相州に派遣して[33]、諸台場の警備をおこなった。

安房崎台場は、もともと会津藩が城ケ崎の東端（小字安房崎）へ建設したもので、弘化四年八月に川越藩から彦根藩に「武器付き[34]」で移管された。当初その備砲は「拾貫目狼煙御筒壱挺、三貫目筒壱挺、壱貫目筒壱挺[35]」だったが、嘉永三年には洋式砲を交えて「ハンドモルチール三貫目筒（高島流）壱挺、壱貫目玉筒（新稲富流）壱挺、カノン壱貫目筒（荻野流）壱挺[36]」に換装されている。

八王寺山遠見番所も川越藩から引き継いだもので、当初は和筒ばかり「三貫目筒壱挺、壱貫目筒壱挺、四百目筒壱挺[37]」が据え付けられていたが、嘉永三年時点では「ハンドモルチール三貫目筒（高島流）壱挺、四百目玉筒（柴田流）弐挺、壱貫目玉筒（新稲富流）壱挺[38]」に交換された。

千駄崎台場は、幕府が弘化四年三月十九日付で新設することを決定し、同年十一月十六日の竣工と同時に彦根藩へ引き渡されたものである。[39] 備砲は当初「拾貫目狼煙筒壹挺、七貫目筒壹挺、拾三貫七百目筒壹挺、三貫目筒三挺、弐貫目筒弐挺、壱貫目筒三挺[40]」の計十一挺で和筒のみの構成だった。その後火砲の交換がおこなわれ、嘉永三年には洋式砲を含め「モルチール拾三貫七百目筒（高島流）壹挺、三貫目玉筒（稲富流）壹挺、貳貫目玉筒（藤岡流）壹挺、五貫五百目葛農筒（二十四封度カノン）壹挺、貳百目玉筒（藤岡流）壹挺、三貫目玉筒（荻野流）壹挺、三貫目玉筒（柴田流）壹挺、壹貫目玉筒（柴田流）壹挺、貳貫目玉筒（新稲富流）壹挺、壹貫目玉筒（荻野流）貳挺、拾貫目狼烟筒壹挺[41]」となった。

剣崎台場と荒崎台場は、いずれも弘化年間に彦根藩が陣場として火砲を配置していた場所で、嘉永年間に入って台場としての諸設備が整えられたものである。ペリーの遠征記の中に、「湾口には立派な要塞が築かれてゐるらしく、丘陵の上や突出してゐる相模岬の上には侮り難い砲台があった[42]」と記されているのは剣崎台場と後述の大浦山台場を指すものと思われる。それぞれの台場の備砲について見ると、剣崎台場には「モルチール三拾六貫目（高島流）壹挺、壹貫目玉筒（藤岡流）四挺」、荒崎台場には「三百目玉筒（太田流）壹挺、四百目玉筒（荻野流）壹挺、壹貫目玉筒（藤岡流）壹挺」が配備されていた。[43]

大浦山台場と掃山台場も、嘉永年間に入ってから彦根藩が新設したものである。大浦山台場は、先に竣工した剣崎台場と並列する形で、江戸湾の海口警備を強化する目的で建設された。また掃山台場は、「長沢海岸の砂丘上を削平し土俵を積んだ玉除土手の間に砲をならべて雨覆をかぶせ周に木柵をした程度[44]」の比較的小規模なものだったと伝えられている。大浦山台場の備砲は「ホウイツスル拾三貫七百目筒（高島流）壹挺、壹貫目玉筒（太田流）壹挺、八百目玉筒（太田流）壹挺」、掃山台場の備砲は「ホウイツスル六貫目筒（高島流）壹挺、壹貫目五百玉筒（武衛流）壹挺、壹貫目玉筒（藤岡流）壹挺」であった[45]。

嘉永五年五月二日、幕命によって浦賀奉行の職務が「専ラ港内警備及外人応接[46]」へと集約されることとなった。これにより西浦賀一帯の警備が彦根藩に任され、同時に「西浦賀辺[47]」六千石が新たに同藩の私領同様預地へ加えられた。さらに彦根藩は、浦賀奉行所が嘉永元年に建設した千代ケ崎台場を引き継ぐことになり、備砲ごと移管された[48]。千代ケ崎台場は、平根山の東麓海岸に設けられた低地砲台で、その構造については「玉除土居下地惣体竹ニ而□土砂利を外面は芝上、高サ凡六尺、敷三間程、銃眼内幅六尺、外開キ凡一丈余[49]」と記録されている。なお、同台場の備砲に関しては、「是迄御台場ニ据付置候御筒之内ニハ、代リ筒出来次第引替ニ可相成筈之御筒も有之候得共、追而引替候迄は先其侭拝借可被　仰付候[50]」との通達が彦根藩に対してなされており、後刻五門の砲が浦賀奉行所へ戻されたという。最終的に彦根藩の管下では、次のような火砲が配置されることとなった[51]。

ホウイツスル拾三貫七百目　一挺
カルロンナーテ七貫五百目　一挺
モルチール拾三貫七百目　一挺
ホウイツスル六貫五百目　一挺

狼煙五貫目　一挺
弐貫目　一挺
壱貫目　六挺
南蛮壱貫五百目　一挺
八百目　一挺
五百目　一挺

相州警備に際して彦根藩が採用していた砲術は、新稲富流・荻野流・柴田流・稲富壱夢流・太田流・武衛流・井上流・田付流といった諸流の和流砲術だった。これら各流の砲術に携わる士は、個々の流派の火砲ごとに操作チームを形成していたようであり、一つの台場に複数の流派が混在していたことが、備砲の配置状況から知られる。彦根藩が西洋流砲術の導入に着手するのは、弘化四年三月以降であり、浦賀奉行所の与力の許で中村文内・尾崎勘三郎・北村清三郎・中沢宇三郎・小田軍次ら足軽にこれを学ばせたのが最初とされ、彼らは嘉永元年に免許皆伝となった(52)。次いで津田十郎・堤勘三郎・柳沢右源太・一瀬大蔵・一瀬豊彦・一瀬一馬・藤枝勇次郎らの藩士を、江川太郎左衛門の韮山塾へ入門させており(53)、このうち騎馬徒士格の堤勘三郎と柳沢右源太が嘉永五年に免許皆伝となっている(54)。

また嘉永三年三月には、高島秋帆の高弟である成瀬平三を召し抱え、彦根藩が相州において所管する諸台場の整備にあたらせた(55)。同藩が警備を担当する諸台場の火力が、一部洋式砲を交えながら嘉永三年時点で整うのは、成瀬平三の尽力によるところが大きかったものと思われる。ちなみに彦根藩が相州の諸台場に配置した洋式砲は、近江の晒山や同藩飛地領の野州佐野において(56)、在来の冶金技術をもとに鋳造された青銅砲だった。これらは全て、オランダ軍制式の前装滑腔砲を倣製したものであり、一八五〇年代初頭の軍事技術という視点から見ると、概ね欧米の技術水準に追随する内容だったといえる。

ただし西洋流砲術については、浦賀奉行所側が「彦根ニ西洋流を打候もの無之」とか、「かの藩士西洋之術ニハくらく、家士武衛流を主張いたし候」といった形で、彦根藩へのいわれない批判を繰り返している[57]。これは、彦根藩が相州へ藩士を派遣した直後から立っていた「悪許[58]」の延長とも考えられ、江戸湾海防の任務を遂行するにあたって最も緊密であるべき浦賀奉行所との関係において、両者の間の意思疎通が必ずしも円滑でなかったことがうかがわれる。

天保十三年以来房総の警備を一手に担当して来た忍藩では「上総の富津崎より大房（富浦）・北条に至る海岸[59]」を守備範囲として、富津の陣屋と台場、竹ケ岡の陣屋と台場、白子遠見番所、洲崎遠見番所を管下に置き、三百人余の藩兵を常駐させていた[60]。弘化四年の「御固四家体制」により、房総警備に会津藩が加わることが決まると、忍藩の警備担当区域は房総半島南部に縮小された。この時の持場替えによって、忍藩は富津と竹ケ岡の海防施設を会津藩へ引き渡すことになったが、その一方で「大房には台場を築き、北条・鶴谷には陣屋をもうけ[61]」るなど、防衛体制の再編を図った。

忍藩では「御固四家体制」下、大房崎台場・洲崎遠見番所・白子遠見番所・北条陣屋前海岸の備場を管掌し、伊戸・川下・布良・忽戸の各村に大筒を配備して、海防の任にあたっていた。この時期の忍藩の海防施設の要地となっていたのは、弘化四年に新設された大房崎台場である。同台場は一之台場から三之台場に至る三つの砲台から成り、次のような火砲が配備されていた[62]。

一之台場

六貫目玉筒　壹挺
三貫目玉筒　壹挺
壹貫目玉筒　三挺

二之台場

六貫目玉筒　壹挺
拾貫目玉筒　壹挺
壹貫目玉筒　壹挺

三之台場

モルチール拾三貫七百目玉筒　壹挺
壹貫目玉筒　壹挺
五百目玉筒（別段山上に配置）　壹挺

洲崎遠見番所は、もともと白河藩が築いた勝崎台場を遠見番所にしたもので、忍藩では天保十三年にこれを引き継いで使用していた。その備砲は、「壹貫目玉筒三挺」と「五百目玉筒二挺」の計五挺だった(63)。白子遠見番所も元々は白河藩が建設したものであり、天保十三年以来忍藩がこれを引き継ぎ、嘉永年間には、「五百目玉筒一挺・三百目玉筒二挺・貳百目玉筒一挺(64)」を配備していた。

北条陣屋は、弘化四年八月に忍藩が建設したものである(65)。その規模は「東西二町二〇間、南北二町」の敷地に、本陣・地方役所・馬場・稽古場と共に長屋二十一棟が建ち、房州詰の藩士百五十人とその家族が居住するというものだった。[66]また同陣屋前の海岸には備場が築かれ、「壹貫五百目筒壹挺・壹貫目筒壹挺・五百目筒二挺」[67]が配備されていた。北条陣屋の武器蔵には、「三百目より三匁五分迄」[68]の大筒・中筒・小筒が計八百九十四挺備えられ、有事に際して出動する藩兵の持筒となっていた。

忍藩ではこれらの海防施設以外にも、伊戸村へ「壹貫目玉筒一挺・三百目玉筒二挺・貳百目玉筒一挺」、川下村へ「五百目玉筒一挺・三百目玉筒一挺・貳百目玉筒一挺」、布良村へ「五百目玉筒一挺・三百目玉筒二挺」、忽戸村へ「貳百目玉筒三挺」をそれぞれ預け、[69]有事の際には臨時の備場を設けて沿岸警備を補う態勢をとっていた。

房総警備を担当するにあたって、忍藩は武衛流・安東流・荻野流といった在来の和流砲術を重んじており、西洋流砲術の導入には積極的でなかった。同藩には、天保年間に韮山塾へ入門して西洋流砲術を学び、弘化二（一八四五）年に免許皆伝となった藩士井狩作蔵がいた。[70]しかし忍藩が警備を担当したのは、江戸湾南部の海口に近い地域であり、直接的な沿岸防禦よりも、湾内に進入して来る外国船の早期発見とそのための海上監視に比重が置かれる傾向が強かった。こうした事情が相まって、忍藩の砲術は「御固四家体制」下においても、外国船との砲戦を想定する必然性が高まらず、伝統的な和流砲術を堅持する結果となったのであろう。

忍藩が単独で担当して来た江戸湾の房総側警備に会津藩を加える旨の幕命が下されたのは、弘化四年二月十五日のことである。続いて翌三月には両藩の持場区分がおこなわれ、「安房国平塩入村・坂之下村辺より上総国周准郡富津村辺迄」[71]が会津藩の警備担当区域と定められた。同年六月、会津藩では「番頭以下将士三百余人」に房総常詰を命じ、丹羽宗因を陣将代に任じた。[72]また、房総に一万五千石の新領を幕府から与えられ、奥州の封地一万三千石を後刻幕府に納めて領地とした。[73]房総に藩兵を派遣した会津藩は、富津と竹ケ岡に設けられた陣屋や台場を先任の忍藩から引き継ぐと共に、小久保の七曲にも台場を新設して、海防の任に就いた。

富津陣屋は、富津台場と七曲台場の守備にあたる会津藩兵の詰所となった施設であり、「家老以下・船方役まで一一一名が詰めていた」[74]とされる。同陣屋は文政四（一八二一）年、当時房総の沿岸警備を担当していた白河藩によって建設されたものであり、その後代官森覚蔵・篠田藤四郎や忍藩の管掌を経て、会津藩に引き継がれた。

富津台場も白河藩が文化八（一八一一）年に築造したもので、これを引き継いだ会津藩は、嘉永元年に洲の東端へ新たな砲座を増築した[75]。同台場の備砲は、嘉永三年時点で一番から七番に至る次のようなものが据えられていた[76]。

一番大銃	玉目一貫目
二番大銃	玉目一貫目
三番大銃	玉目八百五拾目
四番大銃	玉目一貫目
五番大銃	玉目一貫目
六番大銃	玉目一貫五百目
七番大銃	ホーイツスル

七曲台場は、嘉永三年ないし四年に新設されたものである。砲種は不明だが、備砲は六門だったとされる[77]。別名を小久保台場といった[78]。

竹ケ岡陣屋は、文化八年に白河藩が建設したもので、同藩が「陣営を百首に置き之れを竹ケ岡と改[79]」めたのにちなみ、翌文化九（一八一二）年に幕府は百首村を公式に竹ケ岡村と改称した。同陣屋は、造海城址に設けられた竹ケ岡台場で守備にあたる士卒の詰所となっていた。
竹ケ岡台場も白河藩の築造になるもので、山腹に設けられた陰の台場・石津浜台場・十二天の鼻台場の三つから構成されていた。これらを引き継いだ会津藩では、陰の台場を「上御台場」、石津浜台場を「下御台場」と称し、嘉永三年時点で次のような火砲を配備していた(80)。

竹ケ岡上御台場
一番大銃　玉目二貫目
二番　モルチール拾三貫七百目
三番　ホーイツスル六貫五百目
同所下御台場
一番大銃　玉目一貫目
二番大銃　玉目一貫目
三番大銃　玉目一貫目
四番大銃　玉目一貫目
五番大銃　玉目一貫目

このほか会津藩では「百目玉筒拾六挺・百五拾目玉筒一挺・貳百目玉筒三挺・三百目玉筒六挺(81)」といった軽砲を有しており、十二天の鼻台場や沿岸の要地に適宜配置して使用したものと思われる。ちなみに嘉永元年、松平容敬《かたたか》が房総の会津藩警備地を視察した際の兵備として、兵員一千三百九十人、火砲・小銃四百七十四挺（このうちのほとんどは小銃）、新造船十九隻が記録されている。[82]

房総警備にあたって、会津藩は長沼流の兵学者黒河内高定を郡奉行として派遣し、守備の方策を担当させた。天明八（一七八八）年以来、会津藩では長沼流の兵法によって兵備を整えて来たが[83]、幕末に至って「長沼流兵法学の構成運用が当時の西洋兵法学に対応できるとかんがえられていた[84]」こともあり、海防の現場で一躍脚光を浴びた。その準縄となったのは、長沼澹斎著『兵要録』であり、幕末には同書の教義をもとに「陳法節制取於漢土、弓馬鎗刀仍　本朝之旧　大小火器取洋夷之長、本末備具細大不遺　実兵家之模範也[85]」という形で、西洋流砲術の導入がおこなわれた。会津藩では在来の和流砲術を併用しながら、嘉永四年に江川太郎左衛門に鋳造を依頼した[86]ペキサンス砲など、オランダ式の前装滑腔砲を取り入れて火力を増強し、台場の備砲を逐次拡充した[87]。

富津台場

拾七貫三百目玉ヘキザンス筒	壹挺
拾五貫目玉モルチール筒	壹挺
七貫目玉ホウイツスル筒	壹挺
四寸径ハンドモルチール筒	壹挺
三寸五分径モルチール筒	壹挺
拾貫目玉筒	壹挺
五貫目玉筒	壹挺

貳貫目玉筒　壹挺
八百五拾目玉筒　壹挺
竹ケ岡台場
拾五貫目モルチール筒　壹挺
七貫目玉ホウイツスル筒　壹挺
四寸径ハンドモルチール筒　壹挺
三寸五分径モルチール筒　壹挺
拾貫目玉筒　三挺
五貫目玉筒　壹挺
貳貫目玉筒　貳挺
壹貫目玉筒　四挺

こうした台場の備砲に加えて、会津藩では「七貫目玉ホウイツスル筒五挺」と「四寸径ハンドモルチール筒拾挺」を江戸で鋳造し、「到着仕候間富津竹ケ岡備筒之内夫々繰替」てゆくことを計画していたが[88]、実際にそれらの配備が完了したのかどうかは確認できない。

房総警備に際して会津藩は、「我の小船を以て彼の大艦に敵するは難し[89]」との現実的判断を踏まえ、万一外国船との交戦に及んだ場合には「陸地からの砲撃、両岸から撃ち続けて相手を疲労困憊させて退散させる[90]」ことを基本戦法としていた。また藩兵の主力は上陸して来る敵を海岸で迎撃することに向けられ、それに備えた練兵が繰り返しおこなわれた。このため、富津陣屋には「五十目玉筒」から「五百目玉筒」に至る大筒が三十九挺、「十五匁玉筒」から「三十目玉筒」に至る中筒が六十八挺、「三匁五分玉筒」から「十匁玉筒」に至る小筒が三百九十挺、大筒用の「棒火矢」二百八十二本が、また竹ケ岡陣屋にも同様の大筒三十挺・中筒五十六挺・小筒壹二十八挺・棒火矢約三百本が、陸戦に備えて配備されていた(91)。

忍藩・会津藩以外に江戸湾湾口に面した房総半島沿岸へ台場を構築していた藩として、上総に本領をもつ佐貫藩を挙げることができる。同藩では、富津と竹ケ岡との中間地点である大坪山へ「石垣ニ而築立候台場」一基を建設し、「大筒三挺」を据え付けると共に、「大小筒七挺」を非常用意のため備えていた(92)。砲種は不明だが、「丸太を黒く塗ったもの(93)」があったとの伝承も存在しており、木砲が配備されていた可能性がある。

江戸湾警備における「御固四家体制」下、浦賀奉行所の海防上の任務は、浦賀港およびその周辺の防衛に集約されていった。浦賀奉行所では、既設の鶴崎台場に加えて、嘉永元年には亀甲岸台場と千代ケ崎台場を、さらに嘉永六年には見魚崎台場と明神崎台場を新設・管掌した。

亀甲岸台場は、浦賀港内の「御番所脇」へ嘉永元年に新設された低地砲台であり(94)、竣工当初の備砲は「三百目台付御筒二挺、三貫目炮烙筒一挺」の計三挺だった。その後同台場は嘉永六年に増築され(95)、「ホーウヰツスル筒二挺(96)」が備砲に加えられた。また、嘉永五年に彦根藩へ移管されることになる前出の千代ケ崎台場も、嘉永元年に築造されたもので、浦賀奉行所の管下では荻野流・井上流・田付流の和筒十挺のほかに「七貫五百目ホーウヰツスル・拾三貫目玉モルチール・拾三貫七百目玉ホーウヰツスル・七貫五百目玉鉄カルロンナーデ・三寸一分玉長サ六尺程鉄野戦筒(97)」といった五挺の洋式砲を備えていた。見魚崎台場は嘉永六年に竣工したもので、「一貫五百目南蛮鉄一挺・一貫三百目同一挺・一貫目同二挺・九百五十目同一挺・五十ポンデンモルチール一挺(98)」を備えていた。また、同年建設を開始

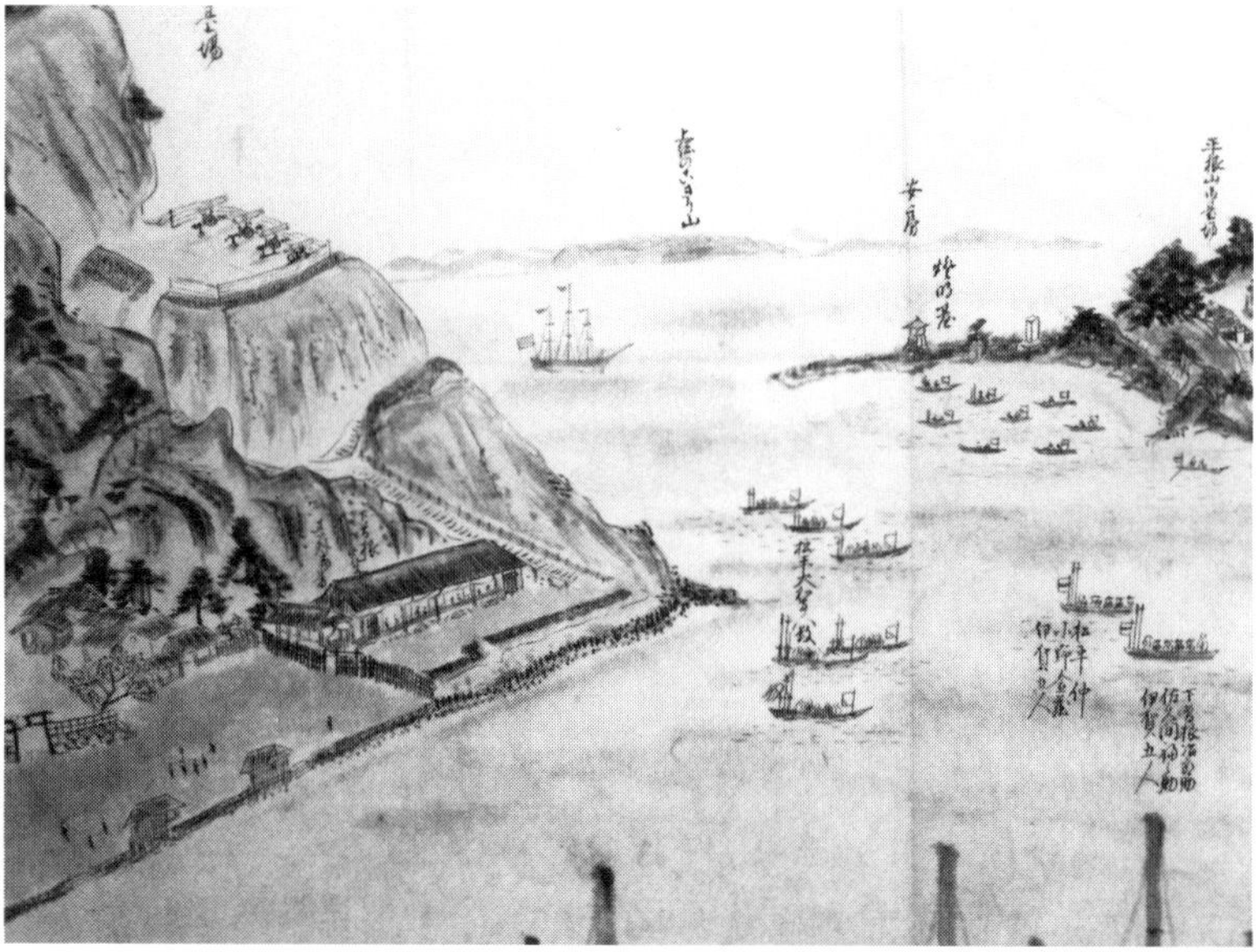

図12　明神崎台場
出典：「浦賀応接之図（部分）」（神奈川県立金沢文庫所蔵）。

した明神崎台場は「西洋風に新規造立[99]」されたものといわれ、「上ハ六挺据、中段ニ隠台場と申もの有之、これに弐挺、また下に詰所有之、此土手後口に一挺[100]」という形で火砲を配置した。これらの備砲の種類は次のようなものだった[101]。

上六挺
四貫五百目　南蛮鉄御筒
廿四ホントカノン
十八ホントカノン
ボンベンカノン
（以上三種）新キ下曽祢鋳立之もの
井上流十貫目
田付流五貫目
中段隠台場へ弐挺
カルロン　下曽祢鋳立之もの
カルロン　長崎廻り浦賀奉行御預りニて千代ケ崎へ廻り候もの
下段土手うしろへ

五十封度モルチール　　下曽祢鋳立之もの

他方、既設の鶴崎台場については、嘉永年間に入って備砲を全て洋式砲に換装しており、「二十四ホント船来カロナーデ一挺・二十四ホント船来ホーウイツスル砲一挺・船来二十四ホント長カノン一挺[102]」が配備されていた。

浦賀奉行所の与力・同心が、文政三年以降井上流や田付流といった和流砲術の稽古をおこなうようになったことは、前章で述べたとおりである。そこに西洋流の「海陸備打調練[103]」導入が計画されるのは、江戸湾海防体制の再編を経た弘化四年であり、翌嘉永元年六月には下曽根金三郎とその門人へ「炮術教授として浦賀え被差越候[104]」旨の幕命が下された。下曽根が浦賀へ赴くにあたっては、「本格的に砲術を教授し、かつ、井伊家をはじめ警衛にあたる四藩を指揮し、外国と折衝することを期待された[105]」といわれ、同人を迎えた浦賀奉行所では、これを契機として西洋流砲術を定着させていった。

弘化四年から嘉永六年に至る七年余の「御固四家体制」期を通じ、江戸湾では「マリナー号」来航とペリー来航という、二件の外国船来航事件があった。このうち「マリナー号」はイギリスの軍艦で、嘉永二年閏四月八日、江戸湾内の測量を目的に来航した。その際艦長のマゼソンは日本側に対し、「浦賀ニ上陸シテ、奉行戸田氏栄・同浅野長祚ニ会見ヲ請[106]」う旨の要請をおこなったが、浦賀奉行所ではこれを拒否し、薪水を給与して帰帆を諭したため、同月十日に至ってようやく浦賀を去った。「マリナー号」は、十二門の艦載砲を有し、百十人の海軍軍人らが乗り組んだ軍艦だったが、一隻のみの来航でもあり、日本側の大規模な警戒体制の前に、測量以外の目的を達することなく退去した。しかし嘉永六年六月のペリー来航に際しては、四隻とはいえ完全武装したアメリカ海軍の艦隊と江戸湾内で対峙することになり、日本側の海防体制の限界が図らずも露呈する結果となった。

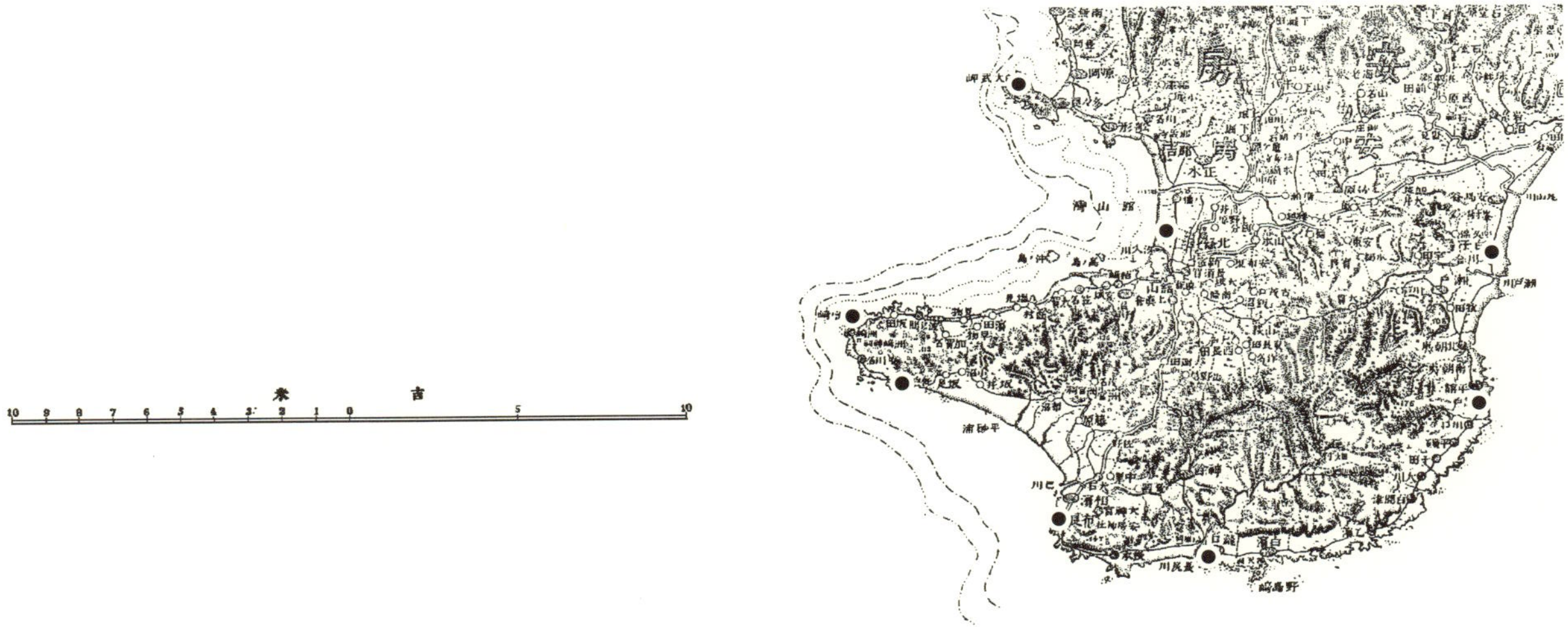

図13　御固四家体制下の台場・遠見番所（弘化4年〜嘉永6年）
「1/200000　横須賀」（陸地測量部、1894年）に加筆。
※ 図中の●が台場・遠見番所の位置

註

（1）「遊房総記」（改訂房総叢書刊行会編輯『改訂房総叢書　第四輯』改訂房総叢書刊行会、一九五九年）一三二頁。
（2）箭内健次編『通航一覧続輯　第五巻』（清文堂、一九七三年）三五頁。
（3）東京大学史料編纂所編『維新史料綱要　巻二』（東京大学出版会、一九八三年）三五八頁。
（4）「嘉永三年九月　海防用洋書翻訳取調触書」（神奈川県県民部県史編集室編『神奈川県史　資料編十　近世（七）』神奈川県、一九七八年）一六頁。
（5）前掲『通航一覧続輯　第五巻』四八頁。
（6）「弘化四年三月　相州備場彦根藩持につき村替の幕府達」（前掲『神奈川県史　資料編十　近世（七）』）一三六頁。
（7）「弘化四年八月　鎌倉郡腰越村八王寺遠見番所・三浦郡城ケ島安房崎台場引渡届」（同右）一三七頁。
（8）前掲「弘化四年三月　相州備場彦根藩持につき村替の幕府達」一三六頁。
（9）「相中留恩記略　附録」（金沢文庫所蔵）。
（10）「浦賀見聞誌」（山本詔一編『三浦半島見聞記』横須賀市、一九九九年）五頁。
（11）「嘉永三年十二月　三浦郡観音崎台場移築につき達書」（前掲『神奈川県史　資料編十　近世（七）』）一六一頁。
（12）「浦賀湊略図」（前掲『三浦半島見聞記』）一三頁。
（13）前掲「相中留恩記略　附録」。
（14）前掲『通航一覧続輯　第五巻』一二六頁。
（15）細川家編纂所編『改訂肥後藩国事史料　第一巻』（国書刊行会、一九七三年）二七四頁。
（16）前掲『通航一覧続輯　第五巻』一二六頁。
（17）前掲『改訂肥後藩国事史料　第一巻』二七五頁。
（18）前掲『通航一覧続輯　第五巻』一二六頁。
（19）赤星直忠『横須賀市史　八　三浦半島城郭史　上巻』（横須賀市教育委員会、一九五五年）八二頁。
（20）前掲『通航一覧続輯　第五巻』一二六頁。
（21）前掲「浦賀見聞誌」五頁。

(22)「弘化三年九月　相州備場人数武器書　上」（前掲『神奈川県史　資料編十　近世（七）』）一二九頁。
(23)前掲「浦賀見聞誌」六頁。
(24)前掲「相房御固場艸稿」。
(25)前掲「弘化三年九月　相州備場人数武器書　上」一二九頁。
(26)「嘉永三年近海御備向見分」（勝安房編『陸軍歴史　上巻』原書房、一九九七年）二四一頁。
(27)前掲『横須賀市史　八　三浦半島城郭史　上』一一一頁。
(28)前掲『改訂肥後藩国事史料　第一巻』二七四〜二七五頁。
(29)前掲「浦賀見聞誌」四頁。
(30)石井岩夫編『韮山塾日記』（韮山町役場、一九六九年）一五〜一六頁。
(31)川越市立博物館編『黒船来航と川越藩』（川越市立博物館、一九九八年）四五頁。
(32)中村直勝『彦根市史　中巻』（彦根市役所、一九六二年）六九二頁。
(33)同右、六九七頁。
(34)前橋市史編さん委員会編『前橋市史　第二巻』（前橋市、一九七三年）一〇九五頁。
(35)「弘化五年二月　相州備場武器人数書付」（前掲『神奈川県史　資料編十　近世（七）』）一九三頁。
(36)前掲「嘉永三年近海御備向見分」二四二頁。
(37)前掲「弘化五年二月　相州備場武器人数書付」（前掲『神奈川県史　資料編十　近世（七）』）一九三頁。
(38)前掲「嘉永三年近海御備向見分」二四三頁。
(39)前掲『維新史料綱要　巻一』六七頁、一一六頁。
(40)前掲「弘化五年二月　相州備場武器人数書付」一九三〜一九四頁。
(41)前掲「嘉永三年近海御備向見分」二四一〜二四二頁。
(42)土屋喬雄・玉城肇訳『ペルリ提督　日本遠征記（二）』（岩波書店、岩波文庫、一九四八年）一八五頁。
(43)前掲「嘉永三年近海御備向見分」二四二〜二四三頁。
(44)前掲『横須賀市史　八　三浦半島城郭史　上巻』九六頁。
(45)前掲「嘉永三年近海御備向見分」二四二頁。
(46)前掲『維新史料綱要　巻一』三五八頁。

(47) 前掲『通航一覧続輯　第五巻』一三二頁。
(48) 浦賀近世史研究会編『南浦書信』（未來社、二〇〇二年）二二頁。
(49) 前掲「浦賀湊略図」一二頁。
(50) 「嘉永五年五月　持場加増につき心得方達」（前掲『神奈川県史　資料編十　近世（七）』）二〇二頁。
(51) 写本「千代ケ崎御台場備筒」（著者所蔵）。
(52) 前掲『彦根市史　中巻』六八五頁。
(53) 前掲『韮山塾日記』一五頁。
(54) 同右、九一頁。
(55) 前掲『彦根市史　中巻』六八三頁。
(56) 同右、六九九頁。野州佐野においては、安政年間に反射炉の建設も計画されたが、結果的に実現しなかった（大橋周治編『幕末明治製鉄論』アグネ、一九九一年）二五〇頁。
(57) 前掲『南浦書信』二五頁、四二頁。
(58) この問題については、岸本覚「彦根藩と相州警備」（佐々木克編『幕末維新の彦根藩』彦根市教育委員会、二〇〇一年）を参照のこと。
(59) 埼玉県編『埼玉県史　第六巻』（埼玉県、一九三七年）一〇一頁。
(60) 埼玉県編『新編埼玉県史　通史編四　近世二』（埼玉県、一九八三年）七一八頁。
(61) 前掲『埼玉県史　第六巻』一〇一頁。
(62) 前掲「嘉永三年近海御備向見分」二四四頁。
(63) 同右、二四四頁。
(64) 同右。
(65) 行田市史編纂委員会編『行田市史　下』（行田市役所、一九六四年）一一四頁。
(66) 行田市郷土博物館編『幕末の忍藩』（行田市郷土博物館、二〇〇四年）六頁。
(67) 前掲「嘉永三年近海御備向見分」二四五頁。
(68) 同右。
(69) 同右。

(70) 前掲『韮山塾日記』一六頁。
(71) 前掲『通航一覧続輯　第五巻』一九五頁。
(72) 飯沼関弥『会津松平家譜』（自家版、一九三八年）二〇七頁。
(73) 同右、二〇七〜二〇八頁。
(74) 君津郡市文化財センター編『富津陣屋跡発掘調査報告書』（富津市教育委員会、一九九七年）六頁。
(75) 前掲『会津松平家譜』二〇九頁。
(76) 前掲「嘉永三年近海御備向見分」二四五頁。
(77) 富津市編『富津市史　通史』（富津市、一九八二年）六五八頁。七曲台場については、「嘉永三年近海御備向見分」の中に記載がなく、それ以後の築造であったことが知られる。
(78) 写本「浦賀神奈川　亜墨理加見聞記」（著者所蔵）。
(79) 君津郡教育会編『千葉県君津郡誌　上』（名著出版、一九七二年）六八五頁。
(80) 前掲「嘉永三年近海御備向見分」二四五頁。
(81) 同右、二四五〜二四六頁。
(82) 前掲『会津松平家譜』二〇九頁。
(83) 会津戊辰戦史編纂会編『会津戊辰戦史』（会津戊辰戦史編纂会、一九三三年）四九二頁。
(84) 石岡久夫『日本兵法史　下』（雄山閣、一九七二年）四二三頁。
(85) 安藤定虎「刻兵要録叙」（長沼澹斎『兵要録』福山誠之館、一八五四年）「叙」一丁。
(86) 前掲『会津松平家譜』二一三頁。
(87) 「安房上総御備場え差置候兵器之覚」（前掲『陸軍歴史　上巻』）二四六〜二四七頁。
(88) 同右、二四七頁。
(89) 前掲『会津松平家譜』二一一頁。
(90) 会津若松市編『会津若松市史　六』（会津若松市、二〇〇三年）五九頁。
(91) 前掲「安房上総御備場え差置候兵器之覚」二四六〜二四八頁。
(92) 「近海御備向并浦賀表御備場共見分仕候趣申上候書付」（前掲『陸軍歴史　上巻』）四三五頁。
(93) 前掲『富津市史　通史』六六〇頁。

(94) 前掲『通航一覧続輯　第五巻』一二五頁。
(95) 前掲「江戸湾の海防史」三四一頁。
(96) 前掲『南浦書信』二四頁。
(97) 前掲「浦賀湊略図」二二～二三頁。
(98) 前掲『通航一覧続輯　第五巻』一三七～一三八頁。
(99) 同右、一三七頁。
(100) 前掲『南浦書信』二三頁。
(101) 同右、二三～二四頁。
(102) 杉本勲ほか編『幕末軍事技術の軌跡――佐賀藩史料〝松乃落葉〟――』（思文閣、一九八七年）四八頁。
(103) 前掲『通航一覧続輯　第五巻』一〇五頁。
(104) 同右、一六九～一七〇頁。
(105) 笹原一晃「嘉永年間の西洋砲術――下曽根金三郎の周辺――」（『蘭学資料研究会研究報告』第一七六号、一九六五年十二月）五頁。
(106) 前掲『維新史料綱要　巻一』二〇二～二〇三頁。

Ⅱ．開国期の海防体制

品川台場の遠景

出典：東京都保健局公園課編『品川台場』（東京市、1927年）。

品川台場の石版画

出典：Oliphant, L., *Narrative of the Earl of Elgin's Mission to China and Japan in years 1857, '58, '59,* vol. II (London: William Blackwood and Sons, 1860), p. 101.

一、ペリー来航と湾口防衛の限界

嘉永六（一八五三）年六月三日、アメリカ東インド艦隊司令長官ペリーは、日本の開国を求める大統領国書を携えて、浦賀へ来航した。この時ペリーは、「サスケハナ」「ミシシッピー」「プリマス」「サラトガ」の四隻の軍艦を率い、「国法ヲ諭シ、長崎ニ到ラシメントス」[1]る浦賀奉行所の説諭に応ずることなく、浦賀での国書受取りを要求した。浦賀奉行所は、ペリーの強硬姿勢に押される形で米大統領の国書受取りを許諾することとなり、六月九日に久里浜での応接がおこなわれた。

ペリー来航の報に接し、幕府は直ちに浦賀奉行所と御固四家へ「米艦ノ警備ヲ厳ニシ、軽挙ヲ戒シム」[2]べきことを下令した。また、六月四日から五日にかけて江戸湾近郊に領地をもつ勝山・佐貫・請西・鶴牧・佐倉・生実・館山・飯野・六浦・岩槻・大多喜などの諸藩に出兵を命ずると共に、福井・高松・姫路・徳島・熊本・萩・柳川の各藩に江戸市街部沿岸の警備を下令した。その他、「芝・品川旁近ニ邸宅ヲ有スル諸侯ニ、各藩邸ノ警固ヲ命」[3]じており、ペリー来航に伴って動員された士卒の総計は二万人にも達した。[4]四隻の黒船から成るペリー艦隊は、旗艦「サスケハナ」と「ミシシッピー」の二隻が汽走軍艦、「プリマス」と「サラトガ」の二隻は帆走軍艦であり、来航直後に流布された「太平之ねむけをさます上喜撰（蒸気船）たつた四はいで夜もねられず」[5]という狂歌に詠まれているような、汽走軍艦だけで編成された艦隊ではなかった。また、ペリー艦隊の有する艦載砲の火力についても、「火砲の射程（われの有効射程は百間といわれた）および弾丸の威力に相当の差が認められ、発射速度もわれわれの前装砲では、彼の後装砲に劣る」(6)という形で、その優位性を過大評価した見解があるが、ペリーが率いた四隻の軍艦が搭載していたのは、全て前装滑腔砲であり、それらの種別は次のようなものだった(7)。

「サスケハナ」	九インチ榴カノン砲（9-Inch Dahlgren Shellgun）	十二挺
「ミシシッピー」	十インチ榴弾砲（10-Inch M1841 Howitzer）	二挺
	八インチ榴弾砲（8-Inch M1842 Howitzer）	八挺
「プリマス」	八インチ榴カノン砲（8-Inch Dahlgren Shellgun）	四挺
	三十二ポンドカノン砲（32-Pdr M1847 Navy Gun）	十八挺
「サラトガ」	八インチ榴カノン砲（8-Inch Dahlgren Shellgun）	四挺
	三十二ポンドカノン砲（32-Pdr M1847 Navy Gun）	十八挺

このうち、カノン砲（Navy Gun）は炸薬を有さない鋳鉄製の中実弾（Shot）を主用する平射砲、榴弾砲（Howitzer）は炸薬を内蔵した榴弾を主用する擲射砲である。またダルグレンの榴カノン砲（Shellgun）は、砲身を肉厚にして強化し、カノン砲としても榴弾砲としても使用できる多用途砲である。いずれも装薬と球形砲弾を砲口から込める前装式の滑腔砲で、発射薬、炸薬のいずれにも黒色火薬を用いた。

一方、日本側の台場では嘉永年間に入ってから、従来の和筒に加えて洋式砲の配備がおこなわれるようになっていた。これらの洋式砲は、そのほとんどがオランダ式の前装滑腔砲であったが、現存史料から実際に配備されたものの

図14　ペリー艦隊を描いた石版画
出典：Harwks, F. L., *Narrative of the Expedition of an American Squadron to the China and Japan* (Washington : A. O. P. Nicholson, 1856).

種別と数量を正確に把握することは難しい。玉目の換算等を通じて判別できる砲種は次のようなものであり、それらの総計は三十四挺ないし四十九挺の範囲であったと考えられる。

二十四ポンドカノン（Kanon van 24tt）
十八ポンドカノン（Kanon van 18tt）
八ポンドカノン（Kanon van 8tt）
百五十ポンドボムカノン（Bomkanon van 150tt）
八十ポンドボムカノン（Bomkanon van 80tt）
六十ポンドカルロンナーデ（Carronade van 60tt）
二十四ポンドカルロンナーデ（Carronade van 24tt）
二十ドイムホウイッツル（Houwister van 20dm）
十五ドイムランゲホウイッツル（Langehouwister van 15dm）
二十九ドイムモルチール（Mortier van 29dm）
十三ドイムハンドモルチール（Handmortier van 13dm）
三十九ドイムステーンモルチール（Steenmortier van 39dm）
二十九ドイムステーンモルチール（Steenmortier van 29dm）

図15　二十四ポンドカノン（江戸東京たてもの園所蔵）

右記の洋式砲のうち主要なものの最大射程について見ると、二十四ポンドカノンが「二十五町三十七間四尺[8]（二七九二・八メートル）」、八十ポンドボムカノンが「千八百八十歩[9]（二四一〇メートル）」、二十四ポンドカルロンナーデが「十一町二十一間三尺[10]（一二二九・七メートル）」、二十ドイムホウイッツルが「十七町十六間五尺[11]（一八八三・三メートル）」であった。これに対してペリー艦隊が保有する艦載砲の最大射程は、ダルグレンの九インチ榴カノン砲が「二四五〇ヤード（三一〇五メートル）」とやや長射程である他は、八インチ榴カノン砲が「二六〇〇ヤード（二三四〇メートル）」、十インチ榴弾砲が「一六五〇ヤード（一四八五メートル）」、八インチ榴弾砲が「一八〇〇ヤード（一六二〇メートル）」、三十二ポンドカノン砲が「一七五六ヤード（一五八〇・四メートル）」というものだった[12]。

当時欧米諸国の軍隊が標準装備していた前装滑腔砲の性能に関しては、「敵が明らかに一五〇〇エルよりも遠ければ、どの要塞も砲撃を開始してはならない……一五〇〇エルという距離だけでもう既に……命中する可能性は極めて

図16　百五十ポンドボムカノン（遊就館所蔵）

低い」[13]とされており、個別の目標を照準して砲撃を命中させることができる有効射程距離という点から見ると、日米間の火砲のスペックには大きな差はなかったといえよう。

この他日本側の台場には、二百目玉から十三貫七百目玉に至る各種の和筒が配備されており、その数は川越藩四十一挺・彦根藩四十二挺・会津藩二十五挺・忍藩三十六挺・浦賀奉行所七挺の計百五十一挺に及んだ。和流砲術で用いられる大筒は、有効射程が概ね一〇〇〇メートル内外であり、口径の小さい鉛製中実弾を主用する点で、対艦船用の火砲としては威力不足の感があった。しかし、鎖国体制という閉鎖的な軍事環境を背景とする海防において、諸藩が伝統的に保持して来た軍事力を即応的に動員し得たという点で、それらが果たした役割を軽視することはできない。

さて、ペリー艦隊は軍艦四隻で計六十六挺の艦載砲を有しており、江戸湾への進入を試みた際には、「大砲は所定の位置に据ゑられて装弾され弾丸も配備された。小銃も用意されて、哨兵及び各員は夫々自分の部署についた。要するに何時でも敵と対戦する前になされる一切の準備が行は

図 17　四十八ポンド鑚開八十ポンドボムカノン（遊就館所蔵）

れ[14]」ていたといわれる。このように臨戦態勢をしいて日本開国のアプローチを敢行したペリー艦隊であったが、武力の行使に関しては「相手から発砲を受け撤退する時の『自衛の発砲』をのぞいて、絶対に自分の側から発砲してはならない[15]」旨の大統領命令によって、厳しく制限されていた。

一方、江戸湾でペリー艦隊と対峙した日本側も、沿岸台場の火力強化をおこない、二万人に及ぶ兵力を動員して警戒にあたったが、天保の薪水給与令にもとづく避戦策を基本方針としつつ「若異国船より海岸様子を伺ひ、其場所人心之動静を試候ため抔ニ、鉄砲を打懸候類可有之哉も難計候得共、夫等之事実能々相分リ、御憐恤之御主意貫き候様取計可申候[16]」ことを海防の現場にある諸藩へ下令していた。また江戸湾においては、文政二（一八一九）年以来の、観音崎と富津を結ぶ「要地をも越候節は、速に可打払[17]」という強硬方針が、弘化四（一八四七）年三月十四日の布達によって、「たとひ富津の要地を乗越すとも、渡来の事情を尋察し、穏当に及[18]」うという穏便な内容に変更されていた。

江戸湾内に停泊したペリー艦隊は、沿岸の測量をおこ

図18　二十九ドイムモルチール（韮山反射炉所蔵）

なったり、大統領国書受取りを日本側に迫ったりと、強硬姿勢を示すパフォーマンスを繰り返したが、日本側もアメリカ側もそれぞれが武力行使を自制する方針をとっていたため、結果的に軍事衝突は回避された。しかしペリー艦隊が、六月九日に久里浜での国書受渡しを終えた後、江戸湾の「咽喉を扼す」[19]とされた観音崎を乗り越えて内海に進入したことは、幕府の要路に大きな衝撃を与えた。ペリー艦隊の内海進入に対し、幕府は直ちに浦賀奉行所与力香山栄左門を米艦に派遣して「厳ニ其退去ヲ迫」[20]ったが、「十一日還りて横須賀湾附近に碇泊」[21]するまで二日間にわたって内海にとどまり、翌十二日にようやく江戸湾を退去した。

このように外国船が幕府側の制止に従わず、内海への進入を強行しようとした場合、これを阻止するための軍事的手段が存在しないという現実は、それまで湾口の防禦に重点を置いて来た江戸湾海防の在り方そのものに、重大な変化をもたらす契機となった。すなわち、一八五〇年代の前装滑腔砲を以てしては、およそ八キロメートルに及ぶ観音崎・富津間の海上を完全に射程圏内に収めることができず、

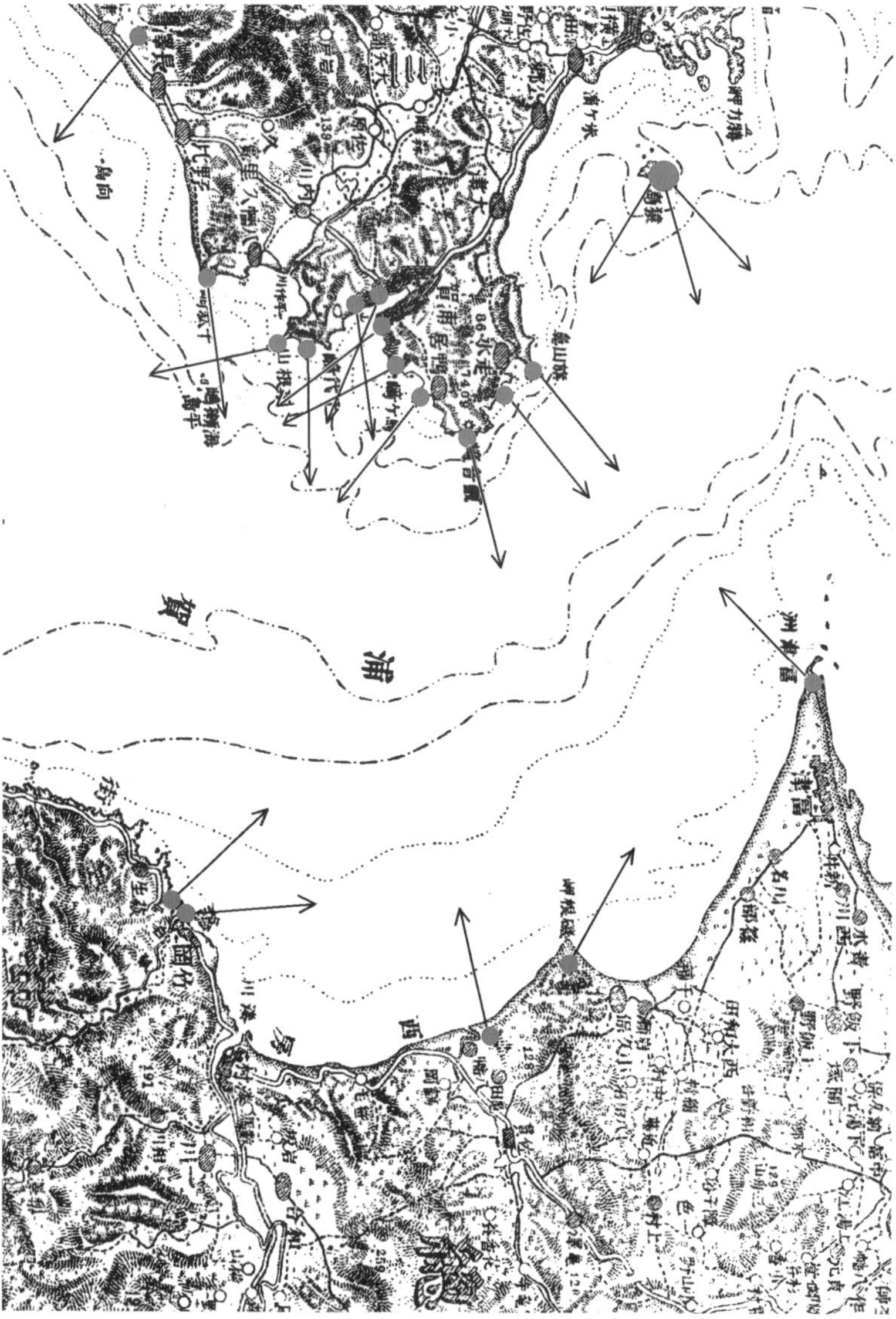

図19　打沈線付近における沿岸台場の射程
「横須賀」1／20000（陸地測量部、一八九四年）に加筆。

こうした火力の限界を補うには海軍力との連携が不可欠だったが、鎖国体制下の日本はその備えをもたなかったのである。

ペリー艦隊による江戸湾内海への進入は、それまでの湾口防禦に比重を置く海防体制に内在していたこうした限界を、幕府の要路に改めて認識させるきっかけとなった。そしてペリーの再来予告に対処するという方向で、江戸湾内海への早急な海防施設建設が促されていく。

註

(1) 東京大学史料編纂所編『維新史料綱要　巻二』(東京大学出版会、一九八三年)四一八頁。
(2) 同右、四一九頁。
(3) 同右、四二二頁。
(4) 原剛『幕末海防史の研究――全国的にみた日本の海防態勢――』(名著出版、一九八八年)一二四頁。
(5) 齋藤純「ペリー艦隊浦賀来航直後に流布していた『太平ねむけをさます上喜撰』狂歌」(『開国史研究』第十号、二〇一〇年三月)七〇～七一頁。
(6) 浄法寺朝美『日本築城史』(原書房、一九七一年)一四頁。
(7) *Dictionary of American Naval Fighting Ships* (Washington: Naval Historical Center, Department of the Navy), H. P. Warren Ripley, *Artillery and Ammunition of the Civil War* (Charleston: The Battery Press), pp. 360-370.
(8) 「陸用迦農砲射放表」(上田帯刀『西洋砲術便覧　上』黄花園蔵版、一八五三年)二三丁。
(9) 「勃謨噶嚢熕榴弾放射表」(大塚同庵編『熕砲射擲表』桂園塾、一八五二年)。
(10) 「舶用喝倫砲射放表」(前掲『西洋砲術便覧　上』)三十丁。
(11) 「廿拇忽砲放拓榴弾表」(同右)二十五～二十六丁。
(12) Ripley, *Artillery and Ammunition of the Civil War*, pp. 366-370.
(13) Engelberts, J. M., *Proeve eener verhandeling over de kustverdediging* (Gravenhage: Erven Doorman, 1839), p. 150.

(14) 土屋喬雄・玉城肇訳『ペルリ提督　日本遠征記（二）』（岩波書店、岩波文庫、一九四八年）一八四頁。
(15) 加藤祐三『黒船異変』（岩波書店、岩波新書、一九八八年）五三頁。
(16) 「異国船打払之儀停止御書付」（法制史学会編・石井良助校訂『徳川禁令考　前集第六』創文社、一九五九年）四〇六頁。
(17) 「遊房総記」（改訂房総叢書刊行会編輯『改訂房総叢書　第四輯』改訂房総叢書刊行会、一九五九年）一三二頁。
(18) 箭内健次編『通航一覧続輯　第五巻』（清文堂、一九七三年）三五頁。
(19) 神奈川県三浦郡教育会編『三浦郡誌』（三浦郡教育会、一九一八年）四四頁。
(20) 前掲『維新史料綱要　巻二』四二七頁。
(21) 前掲『三浦郡誌』七九頁。

二、内海への防禦体制構築

ペリー来航直後の嘉永六（一八五三）年六月から七月にかけて、海防掛であった本多忠徳（若年寄）以下、松平近直（勘定奉行）・川路聖謨（勘定奉行）・戸川安鎮（目付）・江川太郎左衛門（勘定吟味役）らは、江戸湾を取り囲む武相房総の沿岸視察をおこなった。この調査を踏まえ、江川は川路と連名で「沖の洲亀甲洲夫より富津の洲又は相州海岸猿島等へも堅牢の砲台取設け其上豆州下田湊浪花等へも追々賢実の砲台取建候(1)」ことを上申し、内海防禦に重点を置いた江戸湾防衛強化の必要性を説いた。

江戸湾内海の防衛に関し、江川は当初「第一線を観音崎と富津洲に、第二線を横浜本牧と木更津、第三線を羽田沖、第四線を品川沖として台場構築を案出(2)」しており、特に相州側の旗山と房総側の富津岬を結ぶ海上へ「御台場九ケ所水中埋立」という方法で建設することを重視していた。しかし、翌年と予告されていたペリー艦隊再来に備えるという竣工期限の制約に加え、当時の土木技術の水準や幕府の財政難などの問題もあって、結果的に「数ケ所一時に建築は不行届依之先つ首府衛護を以て品川沖を始にいたし候(3)」との方針がとられることとなった。

ちなみに江川自身も、旗山—富津岬間における海堡建設については、「右躰之御譜請ハ絶而見合無之大業ニ而不容易御入用高ニ及ひ、其上何ケ年ニ而全成就可致哉、更ニ見居も附兼(4)」としてその困難さを十分認識していた。かくて「品川沖の儀、海上浅深大体二三間ならでは無之、埋立方も御手軽(5)」とする観点から、現実的な方策として「御入用

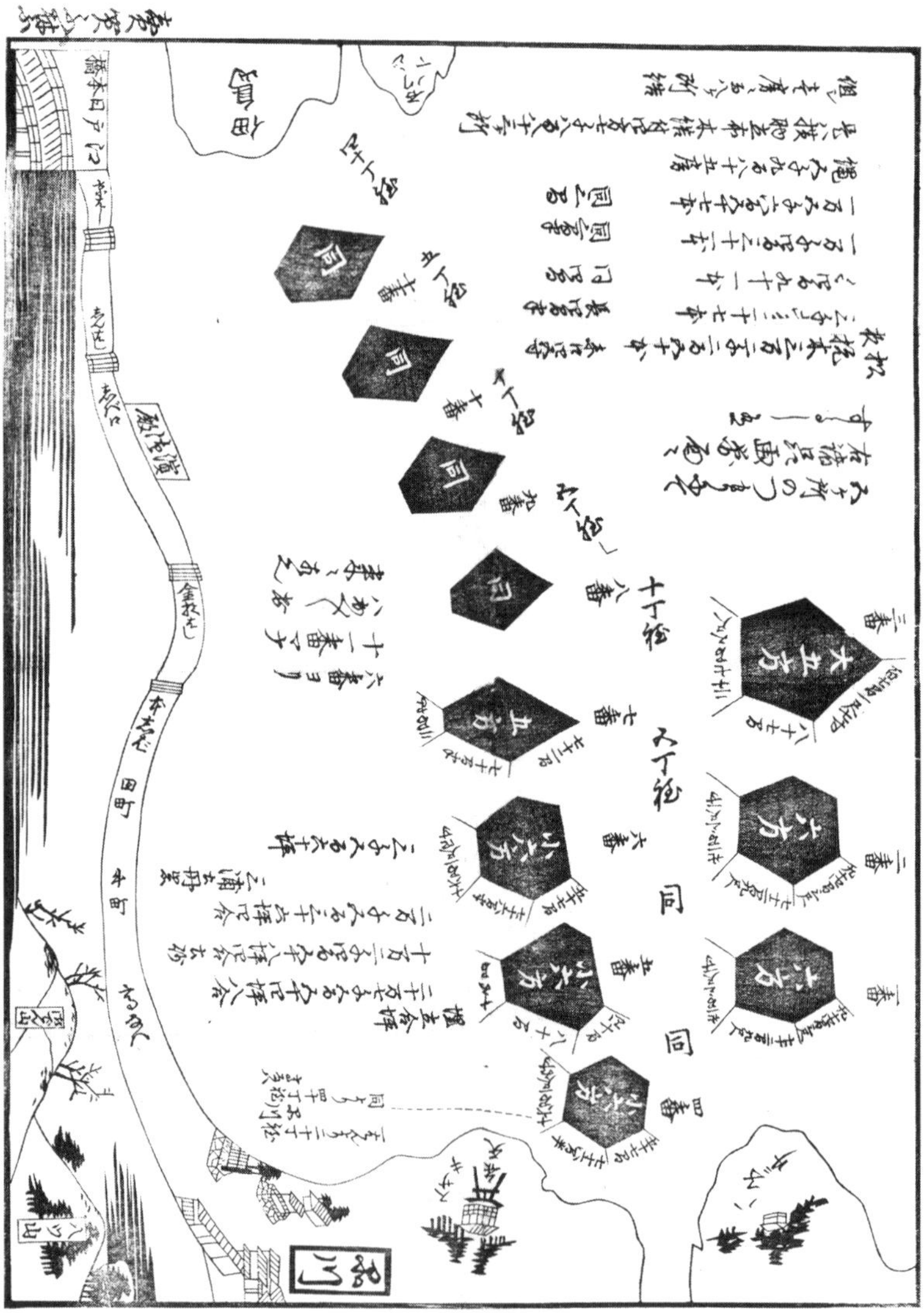

図20　品川台場の普請計画を示す瓦版（無刊記）

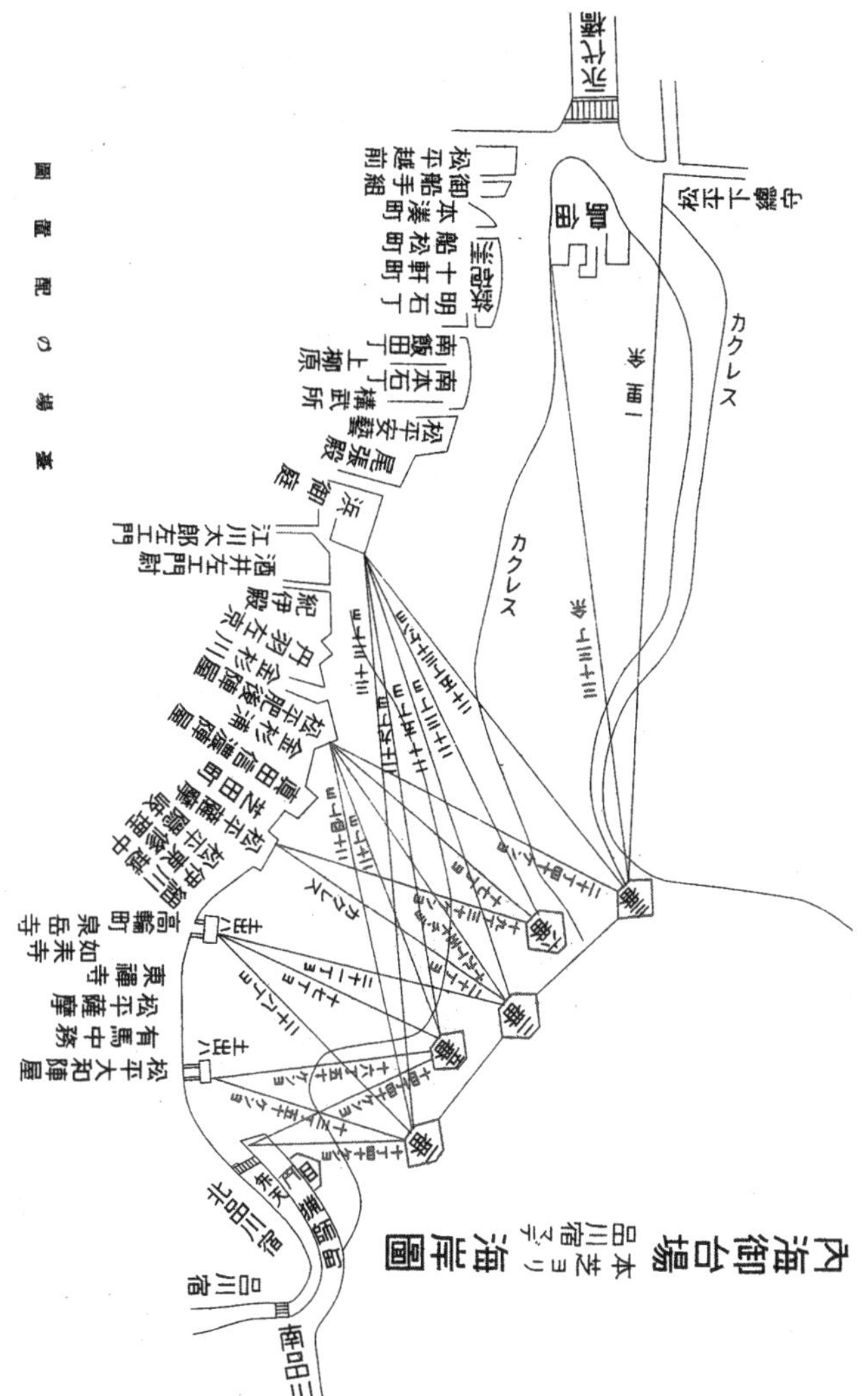

図21　品川台場の配列図
出典：「史蹟公園台場絵葉書」（東京市、一九三二年）。

ニ無御厭年を経候ハバ、格別早急之成功無覚束、然ル上ハ先づ同所ハ御見合、夫ヨリ内海之方被仰出候通、早速御台場等御普請之積取調候様可仕[6]」こととなったのは、必然的な選択であったといえよう。

嘉永六年七月二十三日、老中阿部正弘は「内海御警衛御台場普請」を松平近直・川路聖謨・竹内保徳・江川太郎左衛門の四人に命じた。この時「右御台場取建方且据付候大砲鋳立之儀者、太郎左衛門之引受被　仰付候[7]」旨の下令がなされ、品川沖から深川沖にかけての海堡建設と、そこに配備される火砲の調達に代わる実務全般が、江川に委ねられることとなった。

江川太郎左衛門が立案した最初の内海台場建設プランは、「品川沖を手始に……一番二番台場をカットバテレーにいたし、且ツ三番南方之方フハーセスより縁を取り次第ニ岡之方江参リ最後のもの者拾壱番ニ相成深川洲先弁天之前ニ而終リ候積リ之経画[8]」であったとされる。その内容を具体的に検討すると、一番から十一番に至る十一基の海堡を、江戸市街部沿岸から約二〇〇〇メートルの沖合へ、正面約五〇〇〇メートルにわたって配列しようとする計画だったことが知られる。しかし、一・二番台場は当初計画した後座砲台を有するカットバテレー（Kat batterij）としては建設されず、また実際に竣工したのも一・二・三・五・六番台場の五基にとどまったという点で、「太郎左衛門見込通リニ出来不致[9]」との結果に終わることとなった。

嘉永六年八月三日、幕府は御作事・御普請・小普請の三奉行へ「江戸内海御警衛御台場御普請仕方之儀」を通達し、一番から十一番の各台場に関する平面外形と埋立計画を示した[10]。次いで建設工事の入札をおこない、御大工棟梁の平内大隅が一・二・三・六・八番台場の五基、御勘定所御用達の岡田治助が四・五・七・九番台場の四基、柴又村年寄の五郎右衛門が十・十一番台場の二基について、それぞれ普請を請負うこととなった[11]。

さらに八月十六日、埋立予定地の視察が実施されて一帯の水深等に関する報告がなされた[12]。台場普請のための工事は、「拾壱ケ所の内、壱貳三御場所の儀は、格別の御急ぎに付取敢えず水中埋立取り掛候[13]」という形で、一～三番台場までの三基について同時着工されることとなった。工事着手の経緯について見ると、八月二十一日に普請を請負った平内大隅へ「取掛」の指令が下された後、二十八日に「御普請御手始ニ相成り候事[14]」との運びとなり、まず埋立てが開始された。埋立の手順は、小船で海上に運んだ「土砂・三浦土丹岩・三浦石[15]」を水中に投棄して「小島」を造り、その周囲の埋立と平坦地造成をさらに進めて、台場の基盤を構築するというものだった。

埋立に使われる土砂については、「壹番御台場は品川御殿山最寄山土、二番御台場之義は下高輪松平駿河守元屋敷より持出、三番土取之義は高輪泉岳寺山土相用候[16]」こととされ、掘削された土砂は猟師町弁天脇・駿河守元屋敷下・泉岳寺前に設けられた「土出場」から、土艜船に積載して埋立地に運ばれた。そして九月十六日には、「一之手二之手三之手共、真中に五間四方位小島出来[17]」という段階に進み、十月二十七日には「下埋立」を終えた[18]。これらの一～三番台場に関する「普請仕立方」は次のようなものであった[19]。

壹番　六方五割法
　満潮面迄　深一丈一尺九寸
　水中埋立　二万六千二百四十一坪
貳番　六方五割法
　満潮面迄　深九尺四寸
　水中埋立　一万九千八百十八坪四合
三番　五方五割法

図 22　築城中の品川台場
出典：「史蹟公園台場絵葉書」（東京市、1932 年）。

満潮面迄　深九尺
水中埋立　一万九千三百五十一坪

埋立の工程が終わると、軟弱地盤の上に石垣を構築するための基礎となる、「地杭」の打込みが開始された。ここで用いられる杭木は「末口四五寸」の松・杉材で、長さ「四間半・四間・三間半・三間」の四種類のものが、総計三万二千二百五本用意される計画だった[20]。ちなみに一番台場址の発掘調査で検出された杭木は、その多くが直径一五センチメートル程の杉材で、長さについて「三間半」の墨書が認められる例もあった[21]。地杭の打込と切揃えが終了すると、その上に角材を組んで造った「十露盤敷土台[22]」が敷設され、石垣を積むための基礎となった。こうした工法は、水堀の底から石垣を立ち上げるために用いられて来た、在来の技術を応用したものである。また、そこに使用された木材は「常時水に漬かった状態ではほとんど腐朽しない[23]」といわれ、長期の耐久性を有していた。

石垣の普請は、同年十二月に入ってから開始された。石垣石の多くは真鶴周辺から切り出された輝石安山岩だったが、伊豆や相模から搬入された玄武石なども用いられた。また、裏込となる「割栗石」は伊豆・相模の堅石場、「土丹小石」は相州三浦郡、「大栗石・中栗砂利・切込砂利」は本牧・玉川・大井村海岸で採掘されたものだった[24]。石垣を含めた台場の塁台が完成したのは、嘉永七（一八五

図 23　三番台場の古写真
出典：「史蹟公園台場絵葉書」（東京市、1932 年）。

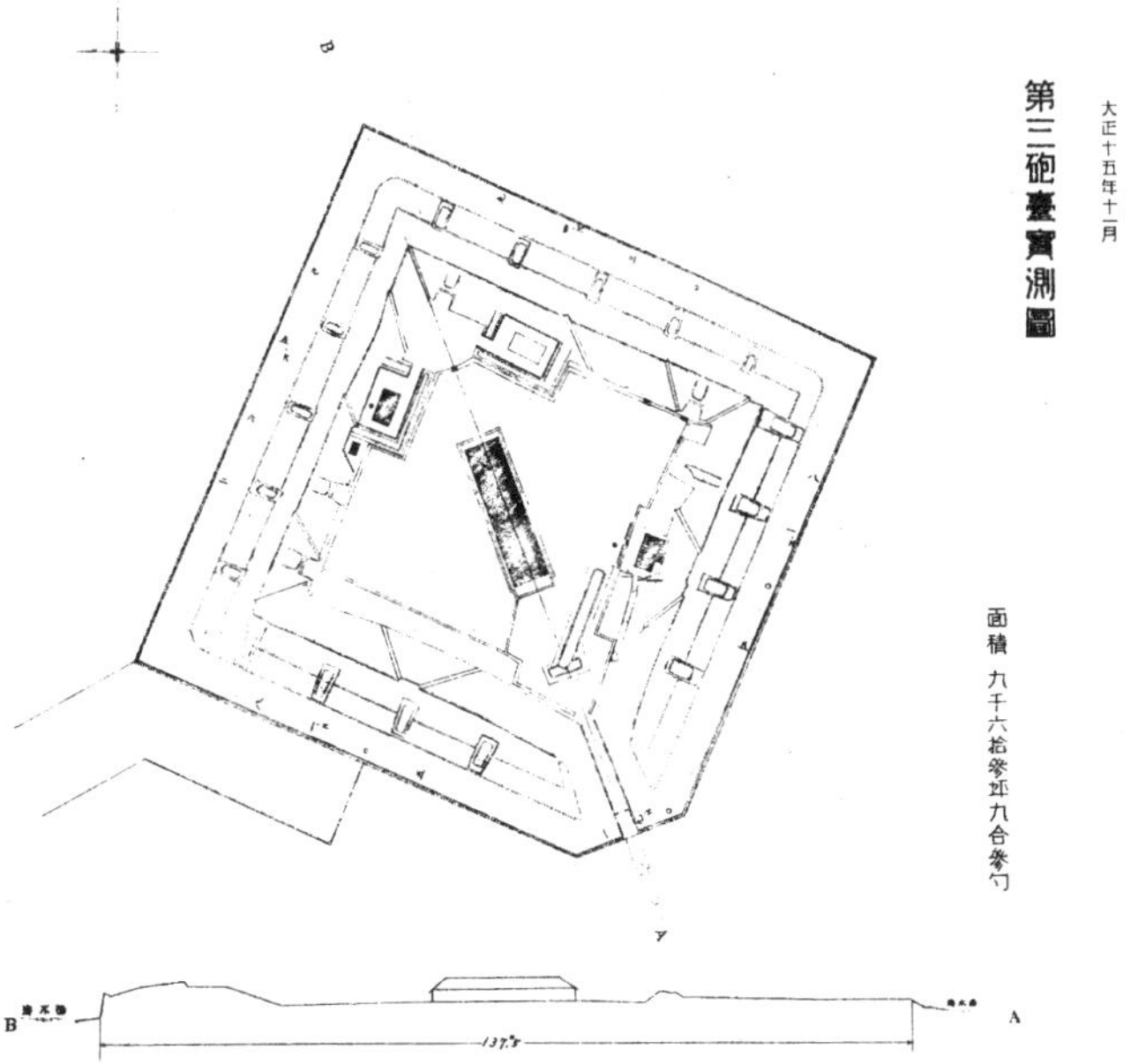

図 24　三番台場址の実測図
出典：東京保健局公園課編『品川台場』（東京市、1927 年）。

四）年二月のことであり、江川太郎左衛門による検分がおこなわれたのちに火砲が据え付けられた(25)。台場の内部施設の整備が進められたのは、同年四月に入ってからで、一～三番台場が全ての工事を終えて竣工を迎えたのは、この年の七月九日だった(26)。

また、五・六番の二基の台場の建設工事が、嘉永七年三月十一日に開始された(27)。施工方法は一～三番台場とほぼ同様であったが、五・六番台場の方がやや小型で埋立をおこなう場所の水深も幾分浅いため、工期が三ケ月余り短縮されており、同年十一月五日に「石垣、堤類、火薬蔵、玉薬置所、下水并石橋共皆出来(28)」の運びとなった。なお、五・六番両台場の「普請仕方」は次のようなものであった(29)。

五番　六方五割法

満潮面迄　深七尺八寸

水中埋立　八千八百九十五坪六合

六番　六方五割法

満潮面迄　深六尺九寸

水中埋立　九千三百二十九坪五合

嘉永六年十一月十四日、幕府は川越藩に「内海一ノ台場」、会津藩に「内海二ノ台場」、忍藩に「内海三ノ台場」をそれぞれ警守することを命じ(30)、まだ建設の途上にあった一～三番台場の警備担当藩を決定した。最初に品川台場の警備を担当したのは、いずれも長年にわたる江戸湾警備の経験をもった親藩であり、このことはペリー再来に備えて警備の重点が江戸市街部の直接防禦に指向されるようになったことを示していた。また、後述するように品川台場の備砲は全て洋式の前装滑腔砲であったため、警備担当の幕命を受けたこれら三藩では、西洋流砲術の本格的な導入が必至の課題となった。

品川台場に据え付ける火砲については、その選定と調達が江川太郎左衛門によって進められた。江川は備砲の調達にあたって、一八五〇年年代の西欧諸国における軍事技術に対応した、オランダ式の前装滑腔砲を選定すると共に、これらを日本国内で倣製するという方針をとった。そして鋳砲をおこなうための造兵施設として、江戸に湯島馬場鋳砲場を、また伊豆の代官支配地に反射炉を建設することとなり、前者は嘉永六年八月、後者は建設予定地を下田高馬から韮山へと変更した上で同年十二月に、それぞれ起工の運びとなった。

品川台場への火砲供給は、韮山反射炉の竣工が滞ったこともあり、主として湯島馬場鋳砲場によって賄われた。また、藩営反射炉による銑鉄砲鋳造の実績をもつ佐賀藩にも、火砲製造を依頼してその一部を補った。湯島馬場鋳砲場は、江川太郎左衛門とその手代・門人・家来らが管理する中、鋳砲を江戸の鋳物師達に請負わせる形で運営され、在来の鋳造技術によって洋式青銅砲の倣製をおこなった。一方、幕府から「鉄製大筒五拾挺車台共」(31)の製造依頼を受けた佐賀藩では、新たに領内の多布施に反射炉を建設してその製作にあたった。品川台場用の火砲は安政元（一八五四）年七月から翌年安政二（一八五五）年三月にかけて鋳造されたが、(32)その数は二十四ポンドカノン十一挺と三十六ポンドカノン六挺の計十七挺にとどまったようである。(33)

竣工当初の品川台場に配備された火砲は、次のようなものであったと考えられ、(34)五基の台場の備砲は総計百二十八挺に及んだ。

図25　韮山反射炉の古写真

内海五ケ所御筒物員数

八十ホント	二十挺
六十ホント	当時無之
三十ホント（註。三十六ポンドの誤記）	当時六挺
二十四ホント	当時二十四挺
十八ホント	当時無之
十二ホント	四十八挺
六ホント	十二挺
十五トイム	十六挺
外、船来三十六ホント	一挺
八十ホント	一挺

（二番松平下総守自砲）

これらの砲種について概観しておくと、「八十ホント」とあるのは大口径の榴弾を発射する八十ポンドボムカノン（Bomkanon van 80tt）、「三十（註。三十六）・二十四ホント」とあるのは、堤砲車に架せられた三十六ポンドと二十四ポンドカノン（Kanon van 36・24tt）、「十八・十二・六ホント」とあるのは、野戦砲車に架せられた十八ポンド・十二ポンド・六ポンドカノン（Kanon van 18・12・6tt）、「十五トイム」とあるのは口径一五センチメートルの長ホウイッツル（Langehouwitser van 15dm）である。

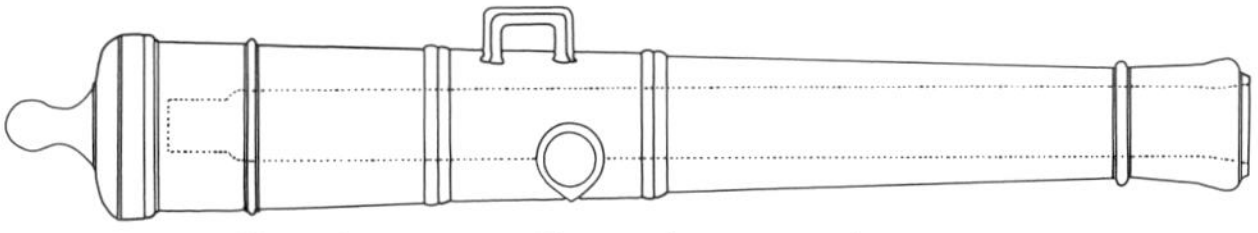

① 四十八ポンド鑽開八十ポンドボムカノン

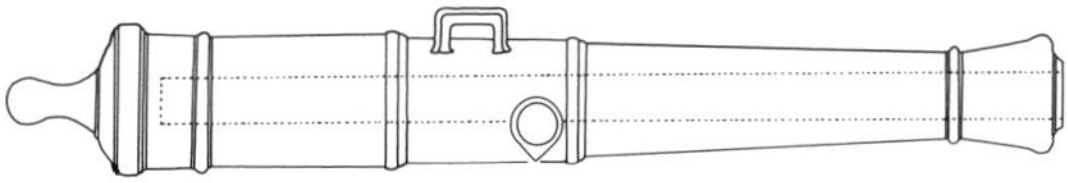

② 二十四ポンドカノン

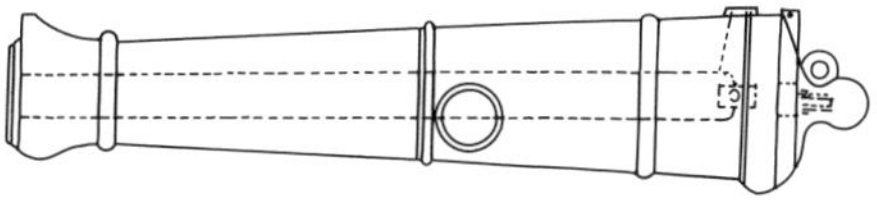

③ 三十六ポンド銑鉄カノン

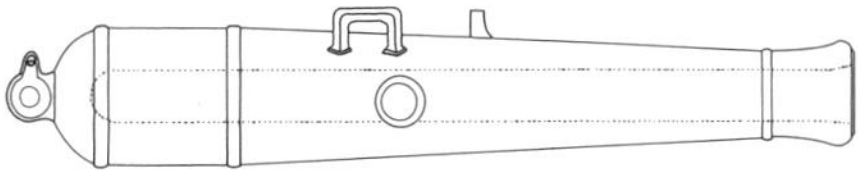

④ 十二ポンドカノン

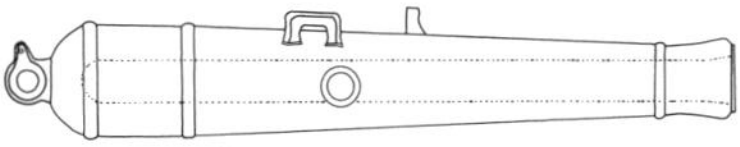

⑤ 六ポンドカノン

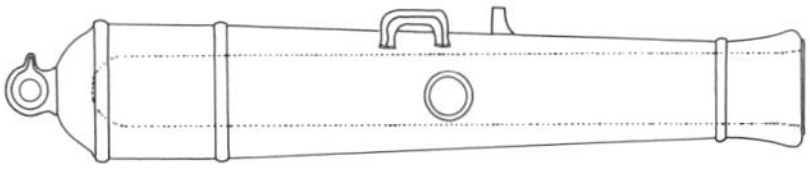

⑥ 十五ドイム長ホウイッツル

図26　品川台場の備砲

出典：①・②・④・⑤・⑥：「長沢家古文書史料255号」〔大原美芳編『江川坦庵の砲術』（自家版、1987年）50・58・59頁に拠り作図〕。

③：秀島成忠『佐賀藩銃砲沿革史』（肥前史談会、1934年）第62図。

さて、嘉永七年一月、七隻の軍艦を率いて再びペリーが江戸湾へ来航すると、一～三番台場の警備を担当することになっていた川越・会津・忍の三藩は、まだ竣工に至っていない各台場にそれぞれ藩兵を配置して急場をしのいだ。また五番と六番の両台場については、同年三月、ペリー艦隊が江戸湾を退去する直前に至ってようやく着工されたというのが実状だった。このため、ペリーの再来と前後して二十種類以上が版行された「海陸御固泰平鑑(35)」などの江戸湾海防を報じた瓦版には、一～三番までの台場だけが描かれ、五・六番台場の姿は描かれることなく終わっている。

結局のところ、品川台場の建設計画そのものは、当初の目標とされたペリー再来までという竣工期限には間に合わなかった。さらにペリーと「日米和親条約」を締結したことによって当面の外圧を回避した幕府は、ほどなくして品川台場建設のための予算を削減する考えを示すようになった。これにより「減費額」すなわち品川台場建設計画の縮小を提起する川路聖謨と、これを不可とする江川太郎左衛門との間で激論に及ぶ一幕もあった。その時の様子を「江川氏秘記(36)」は次のように記している。

君勘定所に於て一日品川砲台建築の義に付勘定奉行川路左衛門尉と意見を異にし左衛門尉は減費額を主とし君は以て不可とし左衛門尉益説けば君は益屈せず云く誠に如斯は失礼の申分には候へ共竹に縄を付け品川の沖に立置くも同様にて詰り砲台建築の費は多少に拘らず国家無益の費と奉存候と申されけるに付満場皆驚き筆者は筆を止め算者は算を推し窃に申候には太郎左衛門は平常湯呑所にて湯も自由に飲ざる程遠慮深き人なるに今日の太郎左衛門者平日の太郎左衛門に非ずとて執れも舌を巻き候由

嘉永七年五月四日、老中阿部正弘は品川台場の建設計画に対し、「無拠御時節ニ付、当時取懸り居候五ケ所ニ而御警衛相立候様、一ト先締リを附く[37]」るよう、通達をおこなった。ここにおいて、江川太郎左衛門の設計した十一基の台場から成る防禦線は、「取懸り居候五ケ所」すなわち一・二・三・五・六番台場の完成を以て、建設中止の余儀なきに至った。これにより、江川の構想した「間隔連堡」はその東側に空白を生じることとなり、結果的に「海堡は湾の西側、全体の三分の一を占めるにすぎず、東へは簡単に迂回されてしまう[38]」という欠陥を内包するものとなった。

同年十二月、品川台場とそれにかかわる江戸湾海防のための「御入用凡高」として、幕府は九十一万六千四百九十一両三分余に及ぶ予算を計上した。その内訳は、「御台場御普請」に七十六万三千八百七十一両二分余、「大筒并台玉」の製造に十五万八千九百六十三両一分余、「大船其外御船製造」に六万三千六百五十七両余というものであった[39]。このうち台場の建設費は、「内海壹、貳、三、五、六御台場、四番岩埋立、品川御殿下海岸御台場普請[40]」に充てられるものとされ、当初の計画にあった七〜十一番迄の五基の台場の費用は含まれていない。予算編成の時点で、既にそれらの建設中止が決定していたからであろう。

火砲ならびに砲弾の製造費は、一・二・三・五・六番台場に配備される、六種類計百二十四挺の前装滑腔砲と、それらに配当する各種砲弾四万二百発を製造するのに充てられたものである。また幕府は、江川太郎左衛門の建議にもとづき、品川台場へ火砲を供給するため、江戸に湯島馬場鋳砲場を、また伊豆に韮山反射炉を建設するための費用も支出している。ここに計上されているのは、これらの諸経費全体を包括したものと思われる。艦船の製造費というのは、江川太郎左衛門が伊豆の戸田村でおこなった、砲艦十二隻の建造に充てられたものと考えられる。これらの砲艦は、「君沢型」六隻と「韮山型」六隻から成るスクネール帆船であり、安政二年から三年にかけて品川台場へ配備された。

品川台場の建設に要した費用の総額は、安政四（一八五七）年にまとめられた決算書によると、七十五万二千二百九十六両百八文三分であったとされる[41]。幕府は江戸湾内海の防備を整えるため、嘉永六年八月二十一日、各代官を通じて全国の幕領に海防献金を命じ、総額九十六万三千九百六十七両一分一朱と銀八十四枚に及ぶ上納金を得た[42]。次いで同年十二月二十六日には、「南鐐一朱銀を以一朱銀吹立[43]」という形での一朱銀改鋳が布告され、いわゆる「お台場銀」の発行を見ることとなった。品川台場の建設費用は、こうした在方からの海防献金と、一朱銀の改鋳（量目変更）によって得られる「吹益御益金」によって賄われた。

他方、江戸市街部沿岸の防禦態勢について見ると、諸藩がそれぞれの持場に台場や応急の備場を構築し、自藩の所有する和筒を中心とした火器を任意に配備している状況だった。ペリー再来時、この地域を守備するために幕府は金沢・福井・姫路・徳島・津山・桑名・松山の七藩を配置し[44]、そこに動員された兵力は四千人以上に及んだが[45]、「これらの軍備は、陸戦主体のものであって、軍艦に対抗しうるものではなかった[46]」といわれる。

二度にわたって江戸湾へ来航したペリー艦隊は、アメリカ連邦議会が一八五〇年六月に決議した日本開国の試みを、「日米和親条約」締結という形で実現した。これにより徳川幕府は、寛永年間以来二百年以上にわたって続いた鎖国体制を放棄することとなるが、パワーポリティクスを基調としていた十九世紀の国際関係の中で、日本の開国が「交渉により、一門の大砲も火を噴かずに、平和裡に行なわれた[47]」ことは注目に値する。その背景には、「『発砲厳禁』という大統領命令を背負って来航[48]」したペリーが積極的な「砲艦外交」をとれなかったという事情もあったが、それに加えて十分とはいえないまでも日本側に軍事的な対抗力があり、このことが相互的な抑止力となってペリーを日本との交渉のテーブルに導いた点を看過すべきではなかろう。

註

（1）「江川氏秘記」（勝安房編『陸軍歴史　上巻』原書房、一九六七年）二七五頁。

（2）東京都港区役所編『港区史　上巻』（港区役所、一九六〇年）一〇九六頁。
（3）前掲「江川氏秘記」二七五頁。
（4）「富津埋立御台場取立之儀ニ付御書付之趣御答申上候書付」（韮山町史編纂委員会編『韮山町史　第六巻下』韮山町史刊行委員会、一九九四年）六一八頁。
（5）「海岸御見分ニ付見込之趣申上候書付」（東京市保健局公園課編『品川台場』東京市、一九二七年）二五頁。
（6）前掲「富津埋立御台場取立之儀ニ付御書付之趣御答申上候書付」六一九頁。
（7）戸羽山瀚『江川坦庵全集　下』（巖南堂書店、一九七九年）一〇一頁。
（8）「太郎左衛門創意ニ而品川海砲台築造事」（大原美芳『江川坦庵の砲術』自家版、一九八七年）一六七頁。
（9）同右。
（10）東京市役所編『東京市史稿　港湾篇第二』（東京市、一九二六年）九二九〜九三五頁。
（11）吉野真保『嘉永明治年間録　上巻』（巖南堂書店、一九六八年）一一〇の一八〜一九頁。
（12）前掲『陸軍歴史　上巻』二六四頁。
（13）前掲『東京市史稿　港湾篇第二』九二八〜九二九頁。
（14）「黒船来航図絵巻——品川台場計画図——」（横浜開港資料館所蔵）。
（15）水中埋立に際しては、この三種の資材を用いていたことが、前掲『陸軍歴史　上巻』二六〇〜二六三頁の記録中に見える。
（16）大蔵省編『日本財政経済史料　巻五』（財政経済学会、一九二四年）九三四頁。
（17）「内海御台場築立御普請御用中日記　巻二」嘉永六年九月十七日の条（国立国会図書館所蔵）。
（18）同右「巻四」嘉永六年十月十七日の条。
（19）前掲『東京市史稿　港湾篇第二』九二九〜九三一頁。
（20）前掲『陸軍歴史　上巻』二六三頁。
（21）港区教育委員会事務局編『第一台場遺跡発掘調査報告書』（日本鉄道建設公団東京支社、一九九九年）三八頁。
（22）前掲「内海御台場築立御普請御用中日記　巻五」嘉永六年十一〜十二月の条には、「五十盤木」とも記されている。
（23）三浦正幸『城のつくり方図典』（小学館、二〇〇五年）五四〜五五頁。
（24）前掲『日本財政経済史料　巻五』九三〇頁。
（25）前掲「内海御台場築立御普請御用中日記　巻七」嘉永七年二月四日の条。

(26) 同右「巻十二」嘉永七年七月九日の条。
(27) 同右「巻九」嘉永七年三月十一日の条。
(28) 同右「巻十六」嘉永七年十一月十五日の条。
(29) 前掲『東京市史稿　港湾篇第二』九三二〜九三三頁。
(30) 東京大学史料編纂所編『維新史料綱要　巻二』（東京大学出版会、一九八三年）五〇四頁。
(31) 杉山勲ほか編『幕末軍事技術の軌跡――佐賀藩史料〝松乃落葉〟――』（思文閣、一九八七年）一〇五頁。
(32) 秀島成忠『佐賀藩銃砲沿革史』（肥前史談会、一九三四年）三二九〜三三二頁。
(33) 東京都編『東京市史稿　市街篇四三』（東京都、一九五六年）七七九〜七八一頁。
(34) 同右、七八二頁。
(35) 木版刷の大型瓦版で、当時の瓦版一般と同様、刊年や版元は記されていない。著者所蔵の一例には「嘉永七年二月」に入手したことを示す墨書があり、ペリー再来の時期に頒布されていたことが知られる。
(36) 前掲『陸軍歴史　上巻』二七五〜二七六頁。
(37) 東京帝国大学『大日本古文書　幕末外交関係文書　六』（史料編纂掛、一九一四年）一二一頁。
(38) 中井晶夫訳『オイレンブルク日本遠征記　上』（雄松堂、一九六九年）七二頁。
(39) 前掲『日本財政経済史料　巻五』九二九〜九二三頁。
(40) 同右、九二二頁。
(41) 同右、九二四頁。
(42) 原剛『幕末海防史の研究――全国的にみた日本の海防態勢――』（名著出版、一九八八年）二二一頁。
(43) 前掲『嘉永明治年間録　上巻』一一〇の六四頁。
(44) 芝区役所編『芝区誌』（芝区役所、一九三八年）一五六四頁。
(45) 前掲『幕末海防史の研究――全国的にみた日本の海防態勢――』一二五頁。
(46) 同右、二八頁。
(47) 加藤祐三『黒船異変』（岩波書店、岩波新書、一九八八年）一八二頁。
(48) 同右、一八三頁。

三、品川台場の構造と防禦力

品川台場は、オランダの築城書にもとづいて設計された西洋式の海堡である。その際、江川太郎左衛門が参照したオランダ築城書については、現在江川文庫に保存されている「御備場御用留」中に「台場築造に用いた西洋書籍」という形で記録されている(1)。同史料中に片仮名表記された蘭書に関しては、国立国会図書館が保管する江戸幕府旧蔵蘭書(2)と、江川文庫が所蔵する古文書史料中の「洋書・訳書(3)」とを照会していくことで、個々の原書を特定することができる。

まず、「サハルト（人名）之製城書」とあるのは、フランス人サハルト（Savart, N.）が著わした築城書をオランダ人ナンニング（Nanning, E. P. G）が蘭訳した *Beginselen der versterkingskunst*（Gravenhage: Gebroeders van Cleef, 1827-28）であろう。この題名の邦訳は「築城術の基礎」である。江川文庫には、同書の蘭文を毛筆で書写した写本が伝存している。佐賀藩士本島藤太夫の記した「松乃落葉」には、「江川氏被仰聞候公儀御蔵本サハルド原書(4)」という記述があり、江川が同書を幕府から借用して写本を作成したことが知られる。この写本には「一八三六出版、サナールト氏、強盛術、第壹巻（全二冊）」および「一八三七出版、サナールト氏、強盛術、第貳巻（全二冊）」の付箋があり、原書の第二版(5)を筆写したものであることがわかる。

また江川文庫には、江川太郎左衛門の家臣矢田部郷雲が同書を翻訳した「強盛術」と題する邦訳本も伝存する。目

図 27　サハルトの原著にもとづく六稜堡の部分模型
出典：東京都保健局公園課編『品川台場』（東京市、1927 年）。

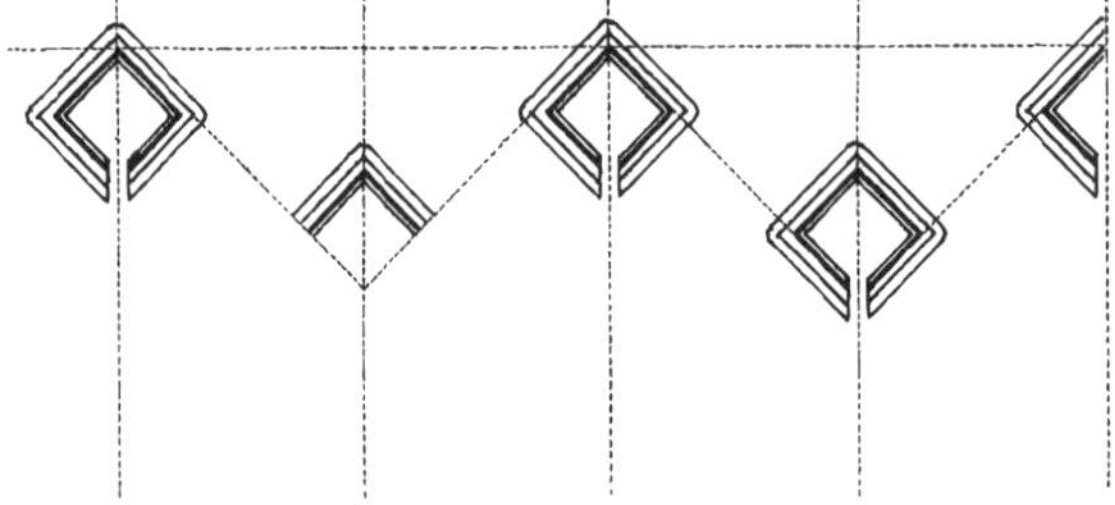

図 28　レドウテンの配列模式図
出典：Savart, N., *Beginselen der versterkingskunst* (Gravenhage: Gebroeders van Cleef, 1827-28), PL. VII., fig. 64.

次によれば「原上篇」「原中篇（上・下）」「原下篇（上・下）」の五冊構成と考えられるが、[6] 現存するのは「原上篇」の第一篇と第二篇だけである。前出「松乃落葉」には「サハルト翻訳書　六冊」とか「サハルト釈書　五冊」といった記述があり、[7] 完訳されていた可能性もある。ちなみに品川台場の配列を指す「間隔連堡」という訳語は、矢田部郷雲が「強盛術」の翻訳にあたって創製したものである。[8]

次に「エンゲルベルツ（人名）之製堡書」について見ると、「台場之義ハエンゲルベルツノ築城書ニ所載ノ間隔連堡ノ内『レドウテン』ノ『リニー』ト申堡ニテ」[9] という「江川氏秘記」の記述から、品川台場の計画にあたって参考にされた蘭書の中で同書はよく知られている。この原書は、エンゲルベルツ（Engelberts, J. M.）が著わした *Proeve eener verhandeling over de kustverdediging* (Gravenhage: Erven Doorman, 1839) と考えられ、[10] 江川文庫には毛筆で蘭文を書写した写本が伝存する。同書の内容は、「沿岸防禦に関する実例的論考」という題名に示されるように、沿岸砲台についての七章の論考から成り、品川台場の構造（特に塁台）にかかわる記述が多く認められる。

この原書の邦訳としては、昌平坂学問所の旧蔵本である「防海試説」という写本が伝存している。[11] 他方、韮山の「長沢家文書」には、同一の原書から「第五章　海岸砲台の戦術（Taktiek der kustbatterijen）」中に示された十四カ条の教則を抄訳した、「台場ヨリ敵船射擲心得書」[12] が含まれており、江川太郎左衛門の許では「防海試説」とは別の訳本がつくられていたことをうかがわせる。

また「パステウル（人名）之製城家之為に著述いたし候辞書」とは、パステウル（Pasteur, J. D.）の著わした *Handboek voor de officieren van het korps Ingenieurs, Mineurs en Sappeurs* (Zutphen: H. C. A. Thieme, 1837-38) を指すものである。同書は「技術・坑道兵・工兵部隊の将校に向けた便覧」と題する築城事典で、江戸幕府旧蔵蘭書に含まれる他、江川文庫にも同一の原書が残されている。品川台場の建設に際して参考とされたのは、「Kustbatterij: 海岸砲台（p. 109）」

「Linie: 防禦線（pp. 127-128）」「Redoute: レドウテ（pp. 350-352）」といった項目であったと思われる。ちなみに「レドウテン之入口を四エルに作り候事者、パステウル（人名）之製城家之為に著述いたし候辞書之内ニも相見申候[13]」とされるのは、「どのレドウテンも一個の入口を有する必要があり、それは一般に四エルに開かせる[14]」という同書の記述にもとづくものである。

「ケルキウエーキ（人名）之海岸之條」とあるのは、ケルキヴィーク（Kerkwijk. G. A.）の *Handleiding tot de kennis van den vestingbouw* (Breda: Broese & Comp., 1846) と題する著書の、第一〇章 (pp. 446-469) 中に見られる「Kustverdediging: 海岸防禦（pp. 457-460）」と「Kustbatterijen: 海岸砲台（pp.460-469）」であろうと思われる。同書の題名は「築城に関する知識の手引書」で、江戸幕府旧蔵蘭書にも江川文庫にも原書が収蔵されている。

さらに「フルシキルレンデ・ソールテン・ファン・バッテレイン（書名）」とは、スチルチース（Stieltjes. G. T.）の著書 *Handleiding tot de kennis der verschillende soorten van batterijen* (Breda: Broese & Comp., 1832) であろう。「海岸之條」に相当するのは、第一章の第二五頃「Kustbatterij: 海岸砲台（pp. 90-98）」である。同書を蘭文のまま毛筆で書き写した写本が江川文庫に収蔵されており、品川台場の建設に際して、江川太郎左衛門の手許で参照された可能性がある。題名の邦訳は「砲台の様々な種類に関する知識の手引書」である。

「ゼイアルチルレリー（書名）」というのは、カルテン（Calten, J. N）の著わした *Leiddraad bij het onderrigt in de Zee-artillerie*（Delft: B.Bruins, 1832）と考えられる。品川台場建設にあたって参照されたのは同書中の「海岸之條」であり、これに関連するのは第一一章の「Aanval en verdediging der kusten: 海岸の攻撃と防禦（pp.387-416）」である。江川文庫には原書はなく、杉田成卿らが翻訳した「海上砲術全書」の写本が伝存している。なお、同書は「海上砲術の教育に関する指針」という題名に示されたように、砲術の解説を主としたものであり、品川台場の備砲選定にあたって参照された可能性が強い。

「ベウセル（人名）陸用砲術書」とは、ベウセルの（Beuscher,W.F.）著書 *Handleiding voor onderofficieren tot de kennis der theoretische en practische wetenschappen der artillerie*（Amsterdam: Gebroders van Cleef, 1834-36）を指すものと考えられる。「海岸台場之條」に相当するのは、第五部「砲台について」の第三章、「築城」中の「G．海岸砲台について」である。[15] 同書は矢田部郷雲により、「究理実験陸用砲術全書」[16]という題名で翻訳がおこなわれている。本来の題名は「砲兵の理論的・実務的学術の知識に関する下士官向け手引書」だが、カルテンの「海上砲術全書」と対をなすものという概念で、「陸用砲術全書」とされたのであろう。

これらの原書と品川台場の設計に関するかかわりを集約的に示すならば、「レドウテン」の「リニー」についての基本セオリーはパステウルの著書、台場の平面プランや配列はサハルトの著書、塁台の構造についてはエンゲルベルツの著書が主に参考にされたようであり、ケルキヴィークやスチルチースの築城書を部分的に参照しつつ、「間隔連堡」全体の設計をおこなったものと考えられる。

品川台場の平面プランを示す「レドウテン（Redouten）」とは「種々の形式をもつ[17]」とされる閉合堡を指し、三番と七～十番の六基には方形堡、一・二番と四～六番の五基には方形堡の前面を切った角面堡の形状が採用されている。さらに品川台場は海堡であるため、全ての台場の後端に波止場が付設されていた。なお、これらのうち一番台場と二番台場、四番台場と六番台場、七～十一番台場は、それぞれ同一の外形と法量をもつものとして設計された[18]。

また「リニー（Linie）」とは防禦線の意で、品川台場ではその配列に関し、前記レドウテンを所用の規則性を以て横列とした「間隔連堡（De linien met tussenruimte）」の形式を採用している。前述のように「間隔連堡」という訳語は、矢田部郷雲が「強盛術」の訳出に際して創製したものであり、その原書であるサハルトの築城書が、品川台場の設計

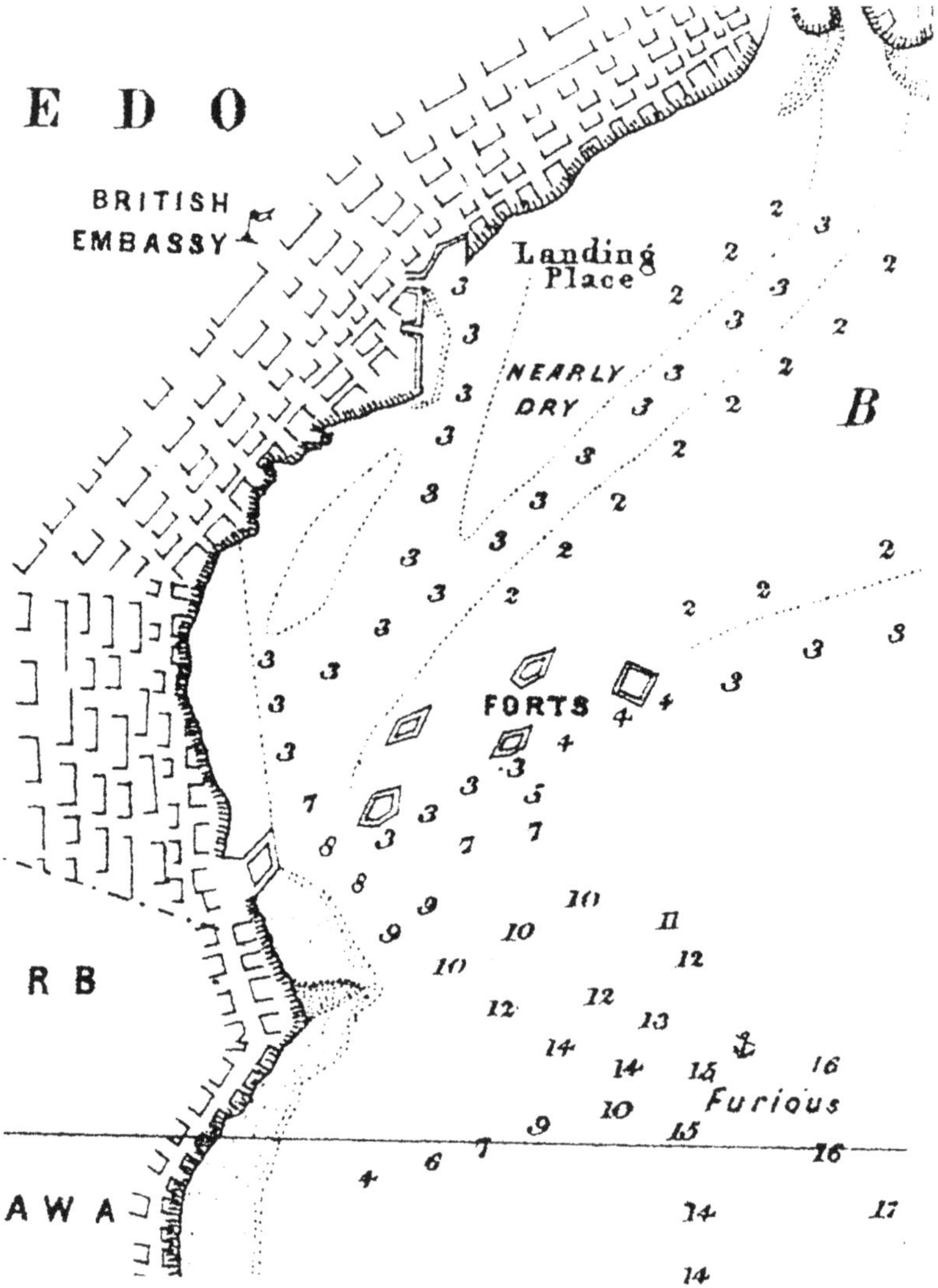

図29　品川台場の周辺水路

出典：Oliphant, L., *Narrative of the Earl of Elgin's Mission to China and Japan in years 1857, '58, '59*, vol. II (London: William Blackwood and Sons, 1860), p. 94.

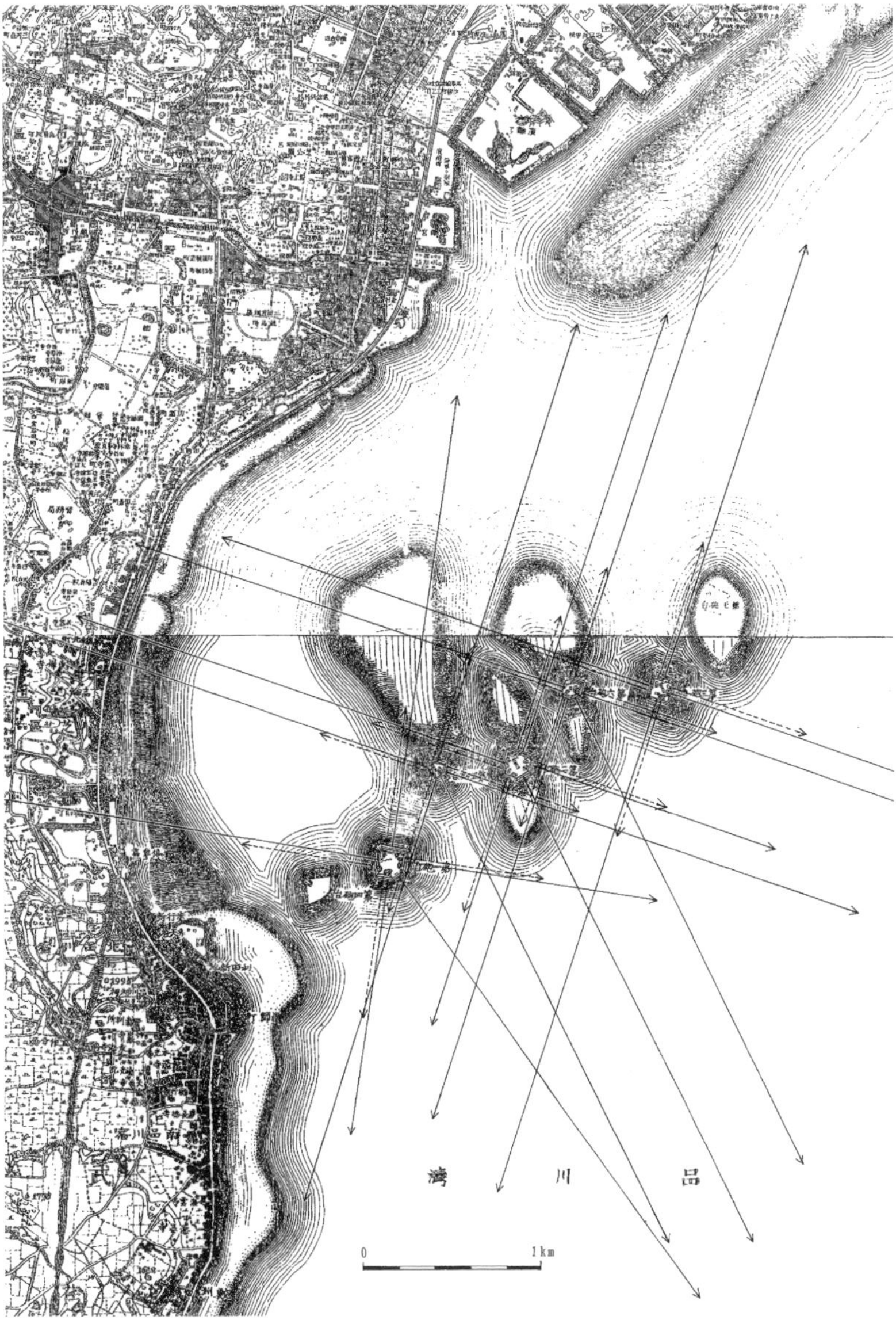

図 30　品川台場の火力構成
「1/20000　迅速図・品川」（参謀本部陸軍部測量局、1887 年）に加筆。
※点線は霰弾射の射程を示す。

にあたって参照されたことをうかがうことができる。サハルトの著書には、「個々のレドウテンは相互に、お互いを授護し合うための適切な間隔をもつ[19]」ことが説明され、その配列横模式図が収載されている[20]。

品川台場の設計に際しては、レドウテン相互の「適切な間隔」について、備砲の霰弾射における有効射程をもとに決定したものと考えられる。ここにいう霰弾射とは、ブリキ製の円筒に多数の球形弾子を填めた「鉄葉弾（Blikdoos）」を用いる射撃をいい、発射されると弾子が文字通り霰弾となって目標に降り注ぐという効果を有していた。これにより近距離に接近した艦艇の艦橋や甲板上で操艦・操砲等にあたる乗員、もしくは舟艇で接岸を企てようとする人員を殺傷するのに有効な兵器だった。品川台場では、全ての備砲に「鉄葉弾」が交付されており[21]、その諸元について見ると、二十四ポンドカノンおよび十二ポンドカノンで「七町十九間二尺（七九七メートル）」、六ポンドカノンで「五町七間三尺[22]（五五八・六メートル）」、十五ドイムランゲホウイッツルでは「三町五十五間[23]（四二六メートル）」の最大射程を有していた。

品川台場の台場列は、江戸市街部沿岸から約二キロメートルの沖合に建設されたが、これは各台場の背面、すなわち岸向きに配備された十二ポンドカノンの最大射程に対応した措置と考えられる。十二ポンドカノンの最大射程は「二十二町三十二間一尺[24]（二四五八・二メートル）」とされ、沿岸台場の火力と連携して、台場列の背面に進入した敵の艦艇を夾撃するという役割を担った。

そもそも台場に求められる本質的な機能は、備砲の火力を有効に発揮することに尽きるといっても過言ではない。エンゲルベルツはその著書の中で、「水路に対しておびただしい十字砲火（Kuisvuren）をなせるようにしなければならない[25]」と述べている。江川太郎左衛門は、台場が備えるべき機能として「迎打（Tegemoetkomende）」「横打（Evenwijdige）」「追打（Vervolgende）」を挙げ、これを組み合わせた火力構成となるよう、品川台場の設計をおこなった。

すなわち一・二・五・六番の四基を、方形堡の前部を切った角面堡として、防禦線の正面方向に対する「迎打」の機能をもたせ、全ての台場の左右前面から「横打」をおこなうことによって、防禦線の前方への濃密な十字砲火を形成する構成になっていた。ちなみに竣工に至った五基の台場の前方には、幕末当時澪筋を利用した水深三～四メートルの航路が通じており、「拾壹ケ所の内、壹貳三御場所の義は、格別の御急ぎ(26)」とされたのは、この航路に向けて「迎打」のできる台場が必要だったことを示している。また「追打」は、文字通り移動目標を後方から追撃する形でおこなう砲撃であり、当時の航路に相対して設けられた一・二・五・六番台場がその役割を担った。

なお、品川台場の設計にあたって採用されたいわゆる「レドウテン」の「リニー」による防禦線の利点として、建設に要する時間と労力が少なくて済み、戦闘でその一部に損害を受けるようなことがあっても、防禦線全体に影響しにくいこと等が、ペルの築城書の中に述べられている(27)。

品川台場周辺は遠浅の海で、そこには江戸川河口に広がる三枚洲のほか「大三角、小三角、上蜆島、下蜆島、江戸川口中洲、出洲等の大小様々な洲(28)」があり、洲の合間にはいく筋かの澪すなわち「砂洲へ河川が入ってからの流路(29)」が通っていた。台場の建設は、江戸市街部の沖に広がる遠浅の海中に、洲や澪筋の位置関係を考慮しつつ、比較的水深の浅い箇所を選定しておこなわれた。ペリー来航直後に幕府が実施した江戸湾内海の調査では、芝沖の水深に関して「一町出干一尋・満二尋程、十町出干一尋・満二尋、一里出干二尋二尺・満三尋三尺(30)」と報告されている。また台場の建設予定地周辺の海底地形について、「丑八月十六日見分之節、四ツ時過ヨリ九時過マテ、一番ヨリ四番マテ干潟ニ成、五番ヨリ上ハ汐ニ成底上ヨリ壹尺程水嵩候(31)」との記録もある。

明治二十一（一八八八）年に陸地測量部が作成した二十万分の一地勢図を見ると、品川台場の前方には約四キロメー

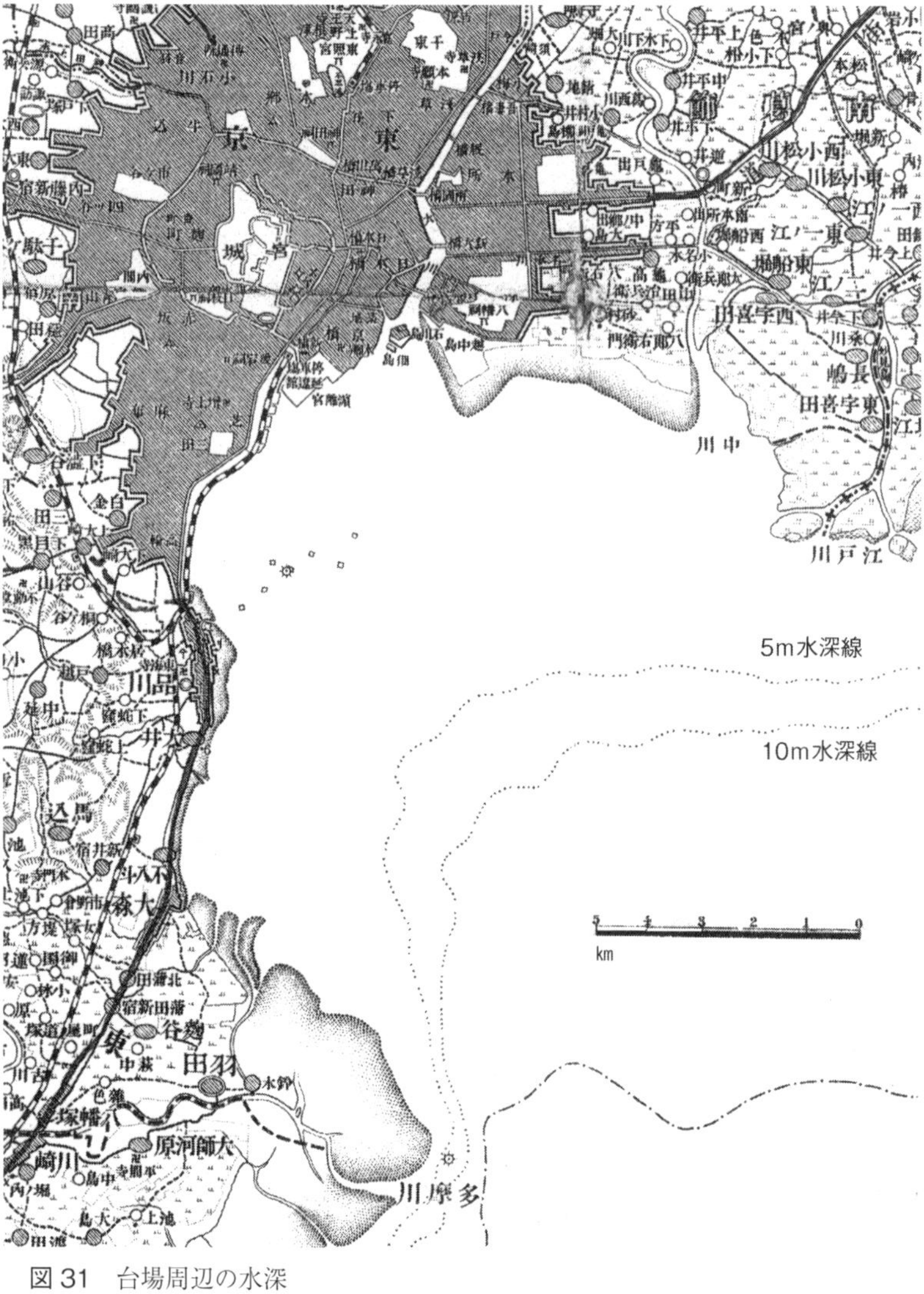

図 31　台場周辺の水深
出典：「1/20000　東京」（陸地測量部、1888 年）。

トルにわたって、水深五メートル以下の浅瀬が広がっていたことが知られる。嘉永六（一八五三）年に来航した、ペリー艦隊を構成する四隻の軍艦の排水量と吃水は次のとおりである。(32)

「サスケハナ」	排水量　二四五〇トン	吃水　六・二メートル
「ミシシッピー」	排水量　三二二〇トン	吃水　五・七メートル
「プリマス」	排水量　九八九トン	吃水　五・一メートル
「サラトガ」	排水量　八八二トン	吃水　五・〇メートル

これを見ると、ペリーの率いた軍艦の全てが五メートル以上の吃水を有しており、品川台場の前方四キロメートル以内に接近することはできなかったことが知られる。また艦載砲の射程に関しても、「サスケハナ」が搭載する九インチ榴カノン砲の三一〇五メートルが最大で、品川台場をその射程圏内に収めることができるものは一門もなかった。かくて欧米列強が軍事力を行使するにあたり、江戸湾内海の奥深くまで進入して江戸市街部を攻撃しようとする場合には、吃水の浅い小型の砲艦や舟艇が、大型軍艦からの支援砲撃なしにこれを担当しなければならないという条件を生み出すこととなった。

当時の砲艦は、主に二十四ポンド以下の短砲身砲（シキップカノン）を装備した排水量の小さい戦闘用艦船であった。砲艦は機動性に優れていたが、船体が小型であるため、砲身重量の大きい大口径砲を搭載することは困難で、艦載砲の装備数もあまり多くなかった。品川台場のような永久築城化された海堡との砲戦を想定した場合、威力の大きい大口径のカノン砲を用いなければ、台場に対して決定的なダメージを与えることは難しく、砲艦のみによる攻撃の効果は必ずしも高いものとはいえなかった。

品川台場の建設にあたって幕府が策定した江戸湾内海の防衛計画は、品川沖に築いた「間隔連堡」を第一線、江戸市街部沿岸の台場を第二線とする「二線防禦態勢[33]」を基準としたものだった。そしてその要諦は、遠浅の内海深部に進入して来るであろう吃水の浅い砲艦から、江戸市街部を直接攻撃されるのを防ぐことにあった。品川台場の立地条件は、こうした防禦態勢をとるのに適しており、幕末当時の軍事技術一般に照らして「海防の理に適[34]」うものであったということができる。

しかし品川台場の建設は、ペリー再来までという竣工期限内に完成に至らなかったことや、海上の防禦線となる「間隔連堡」が計画半ばで中断されてしまったこと等の事情により、結果的に当初計画されたとおりの機能をもつものとはならなかった。そしてこのことが、「此海堡を築き一帯沿岸を遮蔽し以て府下百万生霊を捍禦するとなし以て人心を鎮撫せんと謀りしは亦一時の権道に外ならさるか如し[35]」との、批判的な評価につながっている。

そもそも品川台場は、一八五〇年代における西洋築城術一般の水準に倣って設計された、和製洋式の海堡である。このため台場の構造や配列は、当時の西欧列強が標準装備していた前装滑腔段階の軍事技術に対応するものとなっていた。同時に江戸湾内海の防衛計画も、こうした技術段階の戦法にもとづいて策定されており、品川台場にはこの時代の軍事技術に沿った前装滑腔式の洋式砲が配備された。一八五〇年代の西欧列強の軍隊が装備していた前装滑腔砲は、球形の砲弾と装薬を砲口から込める方式の火砲で、弾薬の装填に相応の時間を要するものだった。また、砲腔内に旋条（ライフリング）が施されていないため、砲弾の命中精度や射程距離に限界があり、その運用にあたっては密度の高い火砲の放列を敷くことが必要とされた。

品川台場における備砲の配置や、「間隔連堡」を形づくる各台場の相互距離は、こうした条件を考慮して決定されたものであった。ちなみにその対処基準となったアメリカのペリー艦隊も、艦載砲の全てが前装滑腔砲であり、射程距離・弾丸効力・発射速度といった火砲それ自体の性能については、日本側のもつ洋式火砲と比較して大差なかった。こうした点から考えて、品川台場は少なくともそれが設計された嘉永・安政期（一八五〇年代半ば）においては、西欧列強の軍事技術に追随する水準の海堡であったといえるだろう。

註

（1）韮山町史編纂委員会編『韮山町史　第六巻下』（韮山町史刊行委員会、一九九四年）六二〇～六二一頁。
（2）江川太郎左衛門は、砲術や築城の研究にあたり、幕府からオランダの原書を借り出して邦訳を試みた形跡がある。その意味で幕府旧蔵蘭書との照合は不可欠といえる。なお史料リストについては、日蘭学会編『江戸幕府旧蔵蘭書総合目録』（吉川弘文館、一九八〇年）を参照のこと。
（3）史料リストについては、静岡県教育委員会文化課編『江川文庫古文書史料調査報告書　一』（静岡県教育委員会、二〇〇七年）を参照のこと。
（4）杉本勲ほか編『幕末軍事技術の軌跡――佐賀藩史料〝松乃落葉〟――』（思文閣、一九八七年）五〇頁。
（5）同書の第二版（一八三六～三七年刊）も、国立国会図書館の「江戸幕府旧蔵蘭書」中に収められている。
（6）矢田部郷雲訳「強盛術　原上篇　一」（江川文庫蔵）。
（7）前掲『幕末軍事技術の軌跡――佐賀藩史料〝松乃落葉〟――』五四頁。
（8）前掲「強盛術　原上篇　一」中の「原中篇下目次略」よる。
（9）勝安房編『陸軍歴史　上巻』（原書房、一九六七年）二七五頁。
（10）国立国会図書館所蔵。
（11）同写本は「海岸防禦説」という仮題が付された、和装一冊本である。
（12）大原美芳編『江川坦庵の砲術』（自家版、一九八七年）九五～九九頁。これは原書一五〇～一五七頁に収載された教則（Regel）を抄訳したものであり、「防海試説」の訳文とは異なる翻訳である。
（13）前掲『韮山町史　第六巻下』六二〇頁。

（14）Pasteur, *Handboek voor de officieren van het korps Ingenieurs, Mineurs en Sappeurs*, Tweede deel (Zutphen: H. C. A. Thieme, 1838), p. 351.
（15）Beuscher, *Handleiding voor onderofficieren tot de kennis der theoretische en practische wetenschappen der artillerie*, Tweede stukje (Amsterdam: Gebroders van Cleef, 1835), pp. 394-398.
（16）江川文庫には「上編」四冊と「下編」七冊が収蔵されている。
（17）Pasteur, J.D., *op.cit.*
（18）東京市役所編『東京市史稿　港湾篇第二』（東京市役所、一九二六年）九二九～九三三頁。
（19）Savart, N., *Beginselen der versterkingskunst*, Eerste deel (Gravenhage: Gebroders van Cleef, 1836), p. 175.
（20）*Ibid*., PL. VII., Fig.64.
（21）前掲『陸軍歴史　上巻』二八七～二九〇頁。
（22）上田帯刀『西洋砲術便覧　上巻』（黄花園蔵版、一八五三年）二五丁。
（23）同右、四一丁。
（24）同右、二二丁。
（25）Engelberts, J. M., *Proeve eener verhadeling over de kustverdediging* (Gravenhage: Erven Doorman,1839), p. 29.
（26）前掲『東京市史稿　港湾篇第二』九二八～九二九頁。
（27）Pel, C. H. M., *Handleiding tot de kennis der versterkingskunst* (Hertogenbosch: Gebroders Muller,1852), p. 42.
（28）江戸川区役所編『江戸川区史』（江戸川区、一九五五年）四六頁。
（29）同右。
（30）「嘉永六年夏測量の内海地図」（前掲『東京市史稿　港湾篇第二』）付図。
（31）前掲『陸軍歴史　上巻』二六四頁。
（32）*Dictionary of American Naval Fighting Ships* (Washington: Naval Historical Center, Department of the Navy), HP.
（33）原剛『幕末海防史の研究――全国的にみた日本の海防態勢――』（名著出版、一九八八年）一三五頁。
（34）同右、一三五頁。
（35）前掲『陸軍歴史　上巻』二九〇頁。

四、沿岸防衛体制の再編

ペリーの第一回来航を経た嘉永六（一八五三）年十一月十四日、幕府は御固四家体制を解いて各藩の持場替えをおこなった。相州側では、川越藩と彦根藩がそれぞれ一番台場と羽田・大森へ警備地域を変更され、代わって熊本藩と萩藩が同地の警備を担当することになった。また房総側では、二・三番台場へ持場替えとなった会津藩と忍藩に代わり、新たに柳川藩と岡山藩が警備の任に就いた(1)。従来、徳川幕府の政権所在地に直結した江戸湾の防衛は、親藩・譜代藩が専ら担当して来たが、ペリー来航後の持場替えによって、観音崎—富津以南の湾口防衛には外様藩があたることとなった。一方、親藩・譜代藩は、品川台場をはじめとする江戸湾内海の海防施設に配置されることとなったが、このことは幕府にとっての江戸湾海防における防禦上の重点が、従来の湾口から内海へと移行したことを示している。

相州警備にあたって、熊本藩は川越藩が担当して来た「猿島より鳥ケ崎迄之場所(2)」を引き継ぐこととなった。熊本藩がその支藩である宇土・熊本新田両藩を率いて相州に着任したのは、ペリー再来後の嘉永七（一八五四）年三月のことであり、四月一日、猿島・観音崎（註。鳶巣）・亀ケ崎・鳥ケ崎・十石・旗山の諸台場を(3)、「御備付大筒・小筒御道具類并番所等(4)」と共に受け取った。この時、相州に配置された熊本藩の人員は支藩も合わせて「千五百四十六人(5)」に及び、川越藩から引き継いだ大津・鴨居両陣屋に駐屯した。また、熊本藩は相州警備を担当するにあたって「相模国武蔵国内高壹万四千三百七拾石余(6)」を領地として受領した。

熊本藩では、前記六ケ所の台場を収管すると備砲の整備に着手し、「今度製造之大砲未タ全備ニは至兼候へとも致出来候分近日御備場え被差越筈ニ御座候」という形で、次のような火砲を逐次据え付けていった[7]。

猿　島

一、拾貫目　長一丈一尺　一挺
一、八貫目　長一丈三尺　二挺
一、五貫目　長一丈　一挺
一、六貫目　長六丈　一挺
一、三貫目　長六丈　一挺
一、四貫目　長一丈一尺　一挺
一、三貫目　長九尺　二挺
一、六貫目　長六尺　一挺
一、五貫目　長四尺五寸　五挺
合拾五挺

旗　山

一、六貫目　長六尺　一挺
一、三貫目　長九尺　一挺
一、公義御筒　五挺

合七挺

十　石

一、公義御筒　五挺

観音崎

一、八十ホント　長一丈四尺　一挺

一、六十ホント　長一丈貳尺　一挺

一、二十四ホント　長一丈二尺　一挺

一、十八ホント　長一丈四尺　二挺

一、十五トヨミ　長五尺三寸　一挺

一、十二トヨミ　長四尺二寸　二挺

一、六ホント　四挺

合拾二挺

亀ケ崎

一、三貫目　長六尺　一挺

一、公義御筒之内二貫目三貫目　三挺

合四挺

鳥ケ崎

一、二十四ホント　長一丈二尺　一挺

一、三貫目　長九尺　二挺
一、五百目　長四尺五寸　一挺
一、公義御筒　二挺
　合六挺
　　大　津（註。陣屋）
一、六斤度　但車台　二挺
一、三百目　但車台　五挺
一、七拾目　但行車台　五十挺

これら火砲のうち洋式砲について見ると、ボムカノン砲二種類、カノン砲三種類、ホウイッツル砲二種類の計十五挺から成っている。「八十ホント」とあるのは、現存する絵図資料に拠れば[8]口径二二センチメートルの「四十八斤鑽開八十斤長喝嚨熕」と推定され、これは八十ポンドの大口径榴弾（Bomkanon van 80tt）を発射できるボムカノンと考えられる。「六十ホント」についても、「一丈貳尺」という長砲身から見て、口径二〇センチメートルの「三十六斤鑽開六十斤長喝嚨」、すなわち六十ポンドボムカノンと思われる。

「二十四ホント・十八ホント・六ホント」とあるのは、各々二十四ポンド・十八ポンド・六ポンドカノン（Kanon van 24·18·6tt）と考えられる。また「十五トヨミ」というのは、二十四ポンド榴弾を主用する口径一五ドイムの長ホウイッツル（Langehouwister van 15dm）であろう。さらに「十二トヨミ」については、「四尺二寸」という砲身からみて臼砲ではなく、ホウイッツルと推定される。口径は一二ドイムを示すものと思われるが、あるいは「二〇ドイム」

の誤記かもしれない。

なお、熊本藩では、着任して間もない嘉永七年四月二十九日、アメリカの艦隊が既に退去したため、「警備地駐屯の兵を減し平時在番の員数を定[9]」めることとなり、翌安政二（一八五五）年には、支藩も含めて相州詰めの藩士を「惣人数上下合六百七拾五人[10]」に縮小した。その後、安政五（一八五八）年六月に江戸湾警備の持場替えがおこなわれ、三浦半島南西部の警備を担当していた萩藩は撤収することとなったが、熊本藩に対しては「持場替等之御沙汰は無之候[11]」旨の通達がなされた。それにより相州側の海防施設は、「内海之咽喉格別要衛之地[12]」とされた熊本藩の担当する六ケ所の台場と、浦賀奉行所の管下にある亀甲岸・明神崎・見魚崎および千代ケ崎・鶴崎台場を除いて、全て廃止されることとなった。熊本藩による相州警備は、およそ九年間にわたったが、文久三（一八六三）年五月、「其方儀相模国御備場御用御免[13]」の幕命が同藩に下され、佐倉藩と交代した。

萩藩は、彦根藩が警備を担当していた三浦半島南西の海防施設を引き継ぐこととなり、支藩である府中藩・清末藩・徳山藩・岩国藩の士卒を伴って、嘉永七年三月に相州へ戍兵を送った。警備地に着任した萩藩は、彦根藩から台場・遠見番所・陣屋などの諸施設を請け取ると、各陣屋に人員を配置してそれぞれの勤務分担をおこなった。すなわち、上宮田陣屋には「先鋒隊百二十人」が詰めて千代ケ崎・千駄崎台場の警備にあたり、原陣屋には「遠近附六伍三十人」を配して鶴崎・大浦山・剣崎台場と八王寺山遠見番所の警備および「千駄崎乗止役」にあたらせ、また三崎陣屋には「無給通五組三十人」が詰めて荒崎・安房崎両台場の警備を担当させたのである[14]。

同時に萩藩は、彦根藩から「預所郷村」の引き渡しを受け[15]、相州領支配にも着手することとなった。なお、萩藩が彦根藩から引き継いだ台場・遠見番所には、次のような火砲が配備されていた[16]。

千代ケ崎
十二貫目臼砲　二　六貫目忽砲　六
三貫目忽砲　一　一貫三百目筒　一
一貫二百目筒　一　一貫二百目筒　一
一貫目筒　四
鶴崎
一貫目筒　二
千駄崎
十二貫目臼砲　二　六貫目忽砲　四
一貫百匁筒　一　一貫目筒　三
箒山
一貫目筒　三
安房岬
十二貫目忽砲　一　六貫目忽砲　一
一貫目筒　一
大浦山
六貫目忽砲　一　一貫二百匁筒　一
一貫目筒　一

剣崎				
	六貫目忽砲	二	一貫目筒	三
荒崎				
	六貫目忽砲	一	三貫目忽砲	一
	一貫目筒	一		
八王寺山				
	六貫目忽砲	一	三貫目忽砲	一
	一貫目筒	一		

これらの火砲のうち「臼砲」はモルチール（Mortier）、「忽砲」はホウイッツル（Houwister）で、いずれもオランダ式の前装滑腔砲だったが、萩藩では前任の彦根藩による火砲配置に対し「井伊氏の砲は概ね古風の和流筒[17]」であったことを批判しており、洋式砲の導入を逐次進めていった。そのうちいち早く洋式砲への換装を終えたのが千代ケ崎台場で、嘉永七年五月に和筒五門を幕府へ返還して備砲の整理をおこない、翌安政二年には自藩で鋳造した「二十四封度砲五門と十八封度砲二門」を配備している[18]。

しかしこの一方で、「日米和親条約」締結を契機に幕府の外交政策が開国へと方針転換したことを受け、江戸湾における沿岸防衛の在り方も次第に変容することとなった。萩藩では、こうした情勢変化の中で相州詰の兵力削減に着手し、「二年には砲家二名の内其一を減じ、御徒士を半減せり三年以後は即ち遠近付番手十名を減じ大番士三十人を減ぜり[19]」という形で、戍兵の規模を逐次縮小させていった。そして安政五年六月、萩藩に対して「相模国御備場之儀

図32　千代ケ崎台場址

ハ　御免被成候」[20]旨の幕命が下されると、同藩では「武器の運搬戍兵の減員」[21]を進め、安政六（一八五九）年一月に領地および海防施設を代官小林藤之助に引き渡して撤収した。そしてこれ以降、萩藩が警備を担当した諸台場は、千代ケ崎と鶴崎の両台場以外全て廃止されることとなった。

浦賀港とその周辺の警備を担当していた浦賀奉行所では、亀甲岸・明神崎・見魚崎台場を管下に置き、嘉永六年以降台場の改修や洋式砲の導入をおこなっていたが、萩藩が相州警備から撤収すると、鶴崎台場と千代ケ崎台場を再び管下に加えることとなった。萩藩は相州から戍兵を引き上げるに際し、台場の備砲を新たな任地である兵庫へと搬出したようであり、千代ケ崎台場について見ると、嘉永年間とほぼ同様な次のような火砲が再配備された[22]。

千代ケ崎御台場大筒据順

壱番知印

壱貫目玉御筒　荻野流

二番仁印

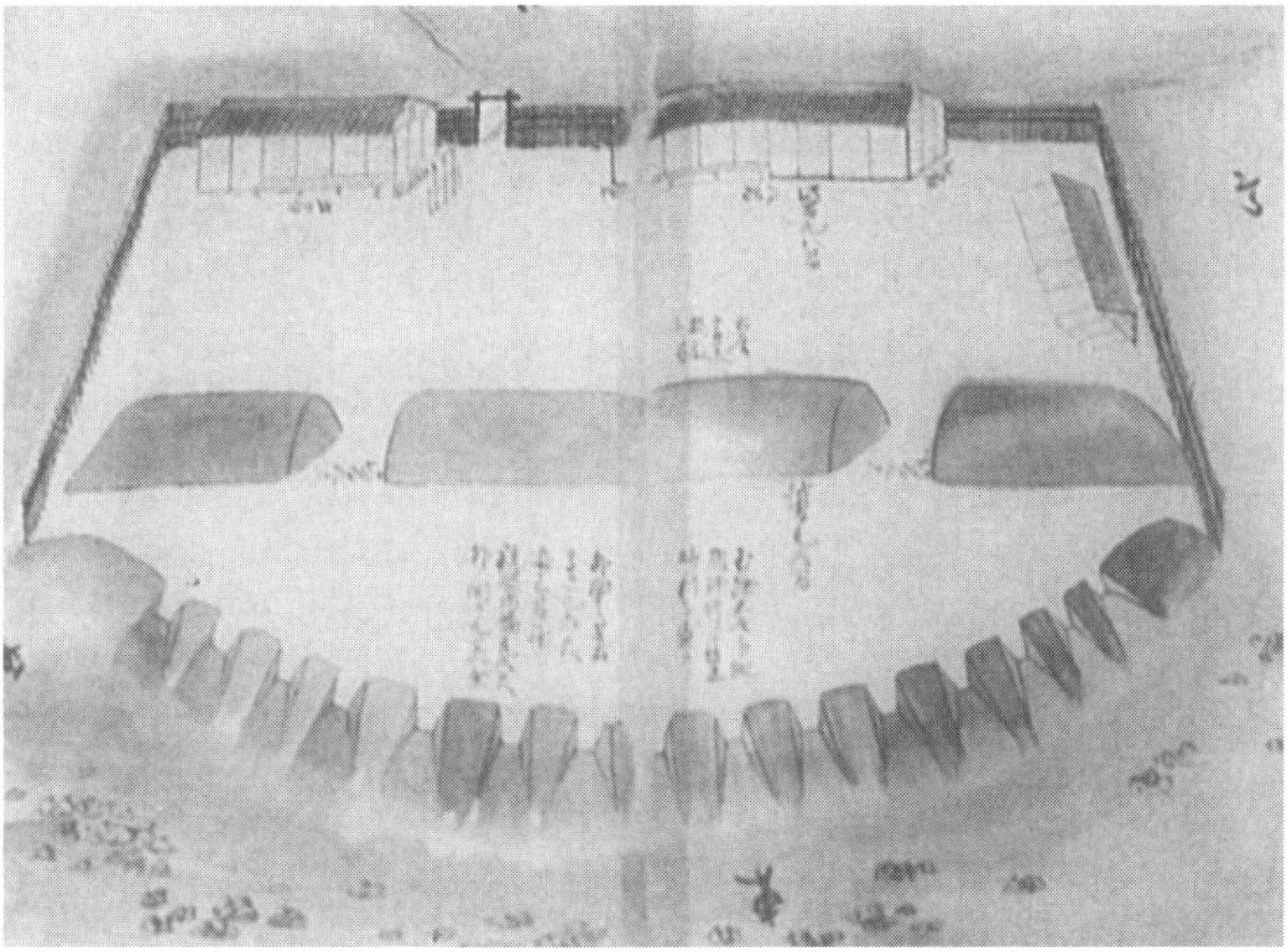

図 33　千代ケ崎台場の絵図
出典：山本詔一編『三浦半島見聞録』（横須賀市、1999 年）。
原図は盛岡市中央公民館所蔵。

壱貫目玉御筒　荻野流
三番勇印
壱貫目玉御筒　荻野流
四番
六貫五百目玉御筒　西洋流ホーイツスル
五番
五貫目玉御筒　荻野流
六番
壱貫弐百目玉御筒　井上流
七番
七貫五百目玉御筒　西洋流カルロンナーテ
八番
拾三貫七百目玉御筒　西洋流ホーイツスル
九番
弐貫目玉御筒　荻野流
拾番
壱貫八拾目玉御筒　田付流
拾壱番

七貫五百目玉御筒　西洋流モルチーウル
拾弐番
八百目玉御筒　荻野流
拾三番
五百目玉御筒　荻野流
拾四番
八百五拾目玉御筒　荻野流
拾五番
壱貫五百目玉御筒　西洋流カノン

嘉永六～七年にかけて「鳳凰丸」の建造がおこなわれて以降、浦賀港は幕府海軍建設のための拠点として、その重要度を増しつつあった(23)。浦賀奉行所による浦賀港防衛は、元治・慶応年間におけるさらなる強化を経て、明治維新を迎えるまで継続された。

一方房総側について見ると、柳川藩が富津陣屋と同台場を会津藩から引き継いだほか、岡山藩が会津・忍両藩の担当していた海防施設のほとんどを引き継いで沿岸警備の任にあたった。柳川・岡山両藩が房総警備の幕命を受けたのは、嘉永六年十一月十四日だったが、実際に諸施設の引き渡しがおこなわれたのは、相州側と同様、翌嘉永七年三月であった(24)。

このうち柳川藩の富津警備については、今日まとまった史料が公表されておらず、その詳細は明らかになっていない。同藩が富津に派遣した人員は、大組頭以下「惣員数五百九拾三人」[25]とされ、着任後は会津藩の配備した火砲をそのまま引き継いで、富津台場の警備に携わったものと思われる。ちなみに富津台場には、「拾七貫三百目玉ヘキザンス、拾五貫目玉モルチール筒、七貫目玉ホウイツスル筒、四寸径ハンドモルチール、三寸五分径モルチール」といった洋式砲各一挺と、一貫目玉以上の和筒十挺が備えられていた[26]。

他方岡山藩は、会津藩から竹ケ岡陣屋と同台場を、また忍藩から北条陣屋と大房崎台場・洲崎遠見番所、北条陣屋前・伊戸・布良・川下・忽戸の各備場を引き継ぐと同時に、平郡・安房郡・朝夷郡・天羽郡の九十五ケ村三万百四十石の領地を得て[27]、房総警備に着手した。これらの海防施設のうち、五ケ所の備場については、「海岸ニ土俵ヲ積重ネ又ハ人家ニ敷アル畳ヲ積ミ、所々砲門ヲ穿チ旧式ノ大砲ヲ備エ兵士之ヲ守衛ス」[28]という状況だったのを、台場として修築した[29]。また、洋式砲の調達にも力を入れ、江戸深川冬木町や武州川口の鋳物師に鋳砲を請負わせて、「二十四斤砲一門、十二斤砲二門、六斤砲四門。臼砲一門」[30]を安政四（一八五七）年十月に各台場へ配置した。

岡山藩が房総に派遣した人員は、嘉永七年七月時点で総計八百五十一人を数えたが[31]、相州側の熊本・萩藩と同様に程なくして戍兵の削減をおこなった。なお、岡山藩時代の竹ケ岡台場を安政四年に訪れた桑名藩士小野正端は、次のような記事を残している[32]。

城山の嶺に遠見番所、其の下に火薬庫見ゆ。坂を下りて浜手へ出づれば、津浜と云ふ。城山西南の麓なり。こゝにも砲土墩番所あり。仰ぎ望めば、所謂る平夷山台場、山腹少平の処に屹然たり。形は富津と同じ。但し、是は勝崎に対し、彼は陽の台場として海岸へ現出し、こゝは陰の台場とて前に小竹など排列し、屋根は芝を覆ひ置かれしが、今は竹を切り、芝もなく、何処よりも顕はに見えて、亦陽の台場なり。

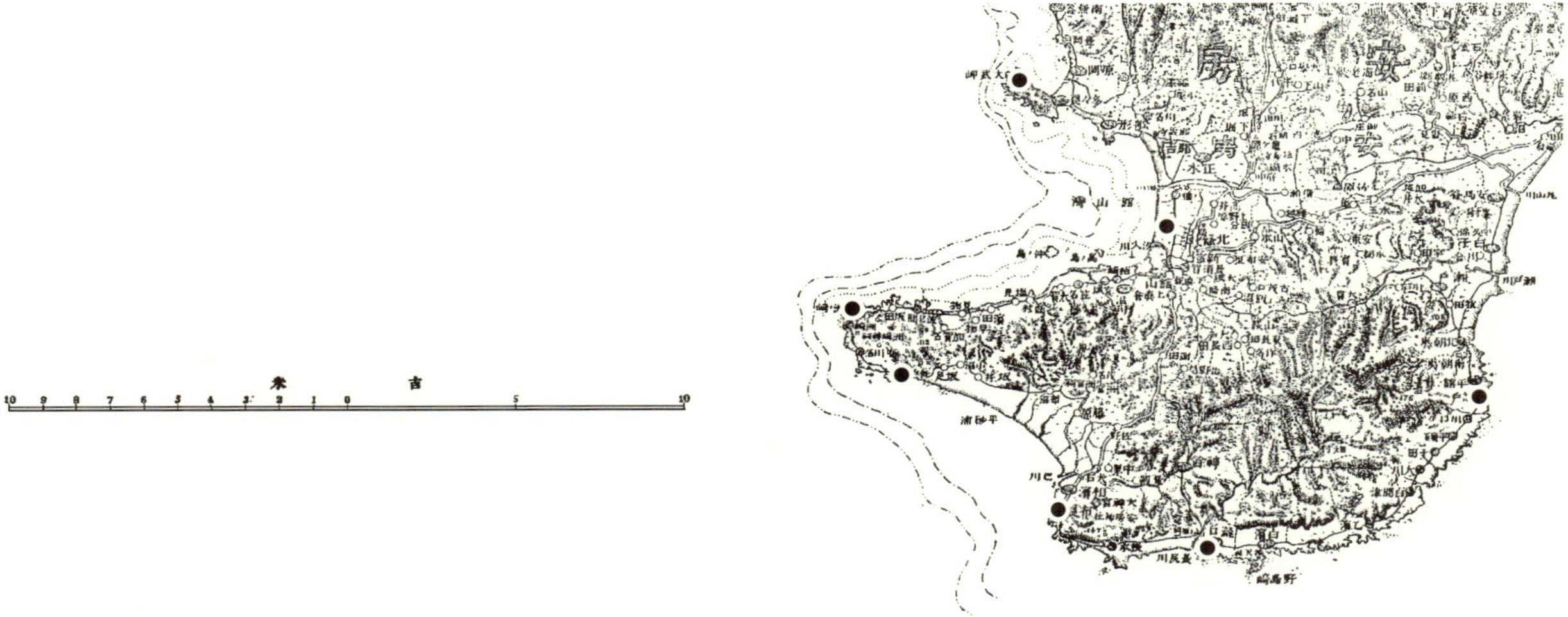

図 34　開国期の台場・遠見番所（嘉永 7 年〜安政 5 年）
「1/200000　横須賀」（陸地測量部、1894 年）に加筆。
※ 図中の●が台場・遠見番所の位置

図 35　神奈川台場の古写真
出典：横浜市役所編『横浜市史稿　地理編』（横浜市役所、1933 年）。

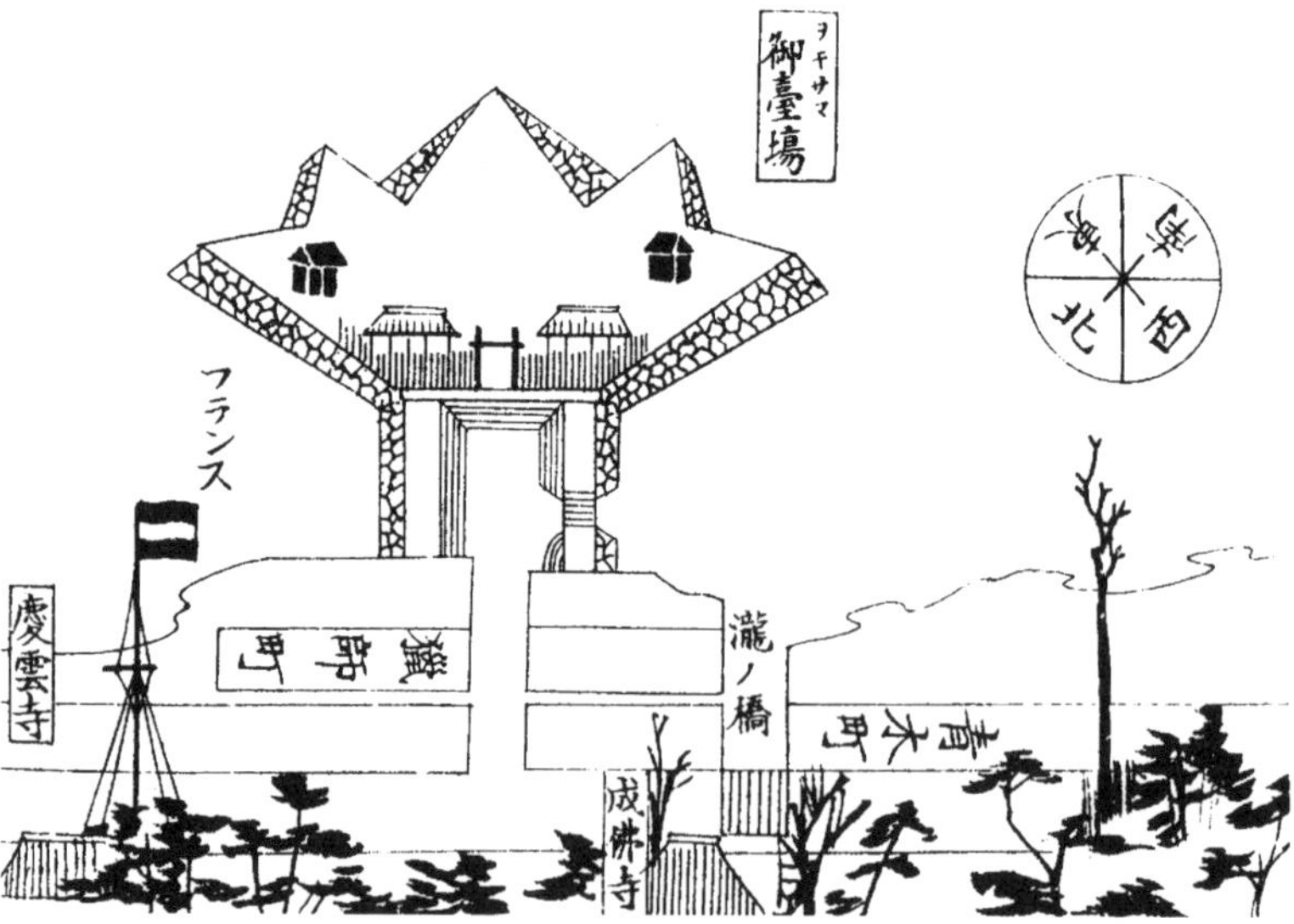

図 36　神奈川台場絵図
出典：『御開港横浜之図』（新栄堂東屋新吉、刊年不記）。

安政五年六月の江戸湾警備担当藩の持場替えにより、富津の警備が柳川藩から二本松藩へ交代する一方、岡山藩が警備を担当して来た房総の海防施設は廃止されることとなった。岡山藩は台場や陣屋を代官佐々木道太郎へ引き渡し、房総の藩兵を撤収した。

この他開国期の江戸湾海防の中で特筆されるものとして、松山藩が建設した神奈川台場を挙げることができる。同台場は、安政四年に神奈川警備を命じられた伊与松山藩が、着任後に藩費を投じて築造したものであり、明治維新後も祝砲を放つための砲台として陸軍省の管理下に置かれ、明治三十二（一八九九）年まで使用され続けた。

松山藩に「神奈川辺御警衛被仰付」旨の幕命が下されたのは、安政四年四月二十八日のことである。[33]その後安政五年に、幕府が米・蘭・露・英・仏の五ケ国と修好通商条約を締結すると、開港場となった横浜へ外国船が頻繁に来航するようになったため、神奈川宿の防衛と横浜湾内における外国船の監視という目的を以て、松山藩による台場建設が具体化した。神奈川台場の設計にあたっては、松山藩が勝麟太郎へ「縄張」を依頼し、安政六（一八五九）年五月に海中へ杭打ちをおこなったのち、七月二十日着工の運びとなった。[34]

神奈川台場は、神奈川宿の漁師町に「幾分か海中へ突出」す形で建設され、その構造については「神奈川諏訪の社より海中へ西の方百四十一間、横の長サ百三十一間四尺、奥行真中にして四十八間、四方折回し三百七十四間、石垣高サ岩床より二丈八尺三割五分法り」[35]と記されている。海中の埋立ては「神奈川権現山の取崩しを行ひ其土を以て」[36]おこなったといわれ、万延元（一八六〇）年六月、一年にわたる施行期間を経て竣工した。建設工事に要した費用は「六万七百二十七両一分と銀十二匁一分二厘」[37]であったとされ、松山藩では藩費を以てその経費を支弁した。

現存する図を見ると、[38]神奈川台場は周囲を石垣で囲んで外形を整え、その塁台上に幅「二丈三尺三寸」の砲座が、

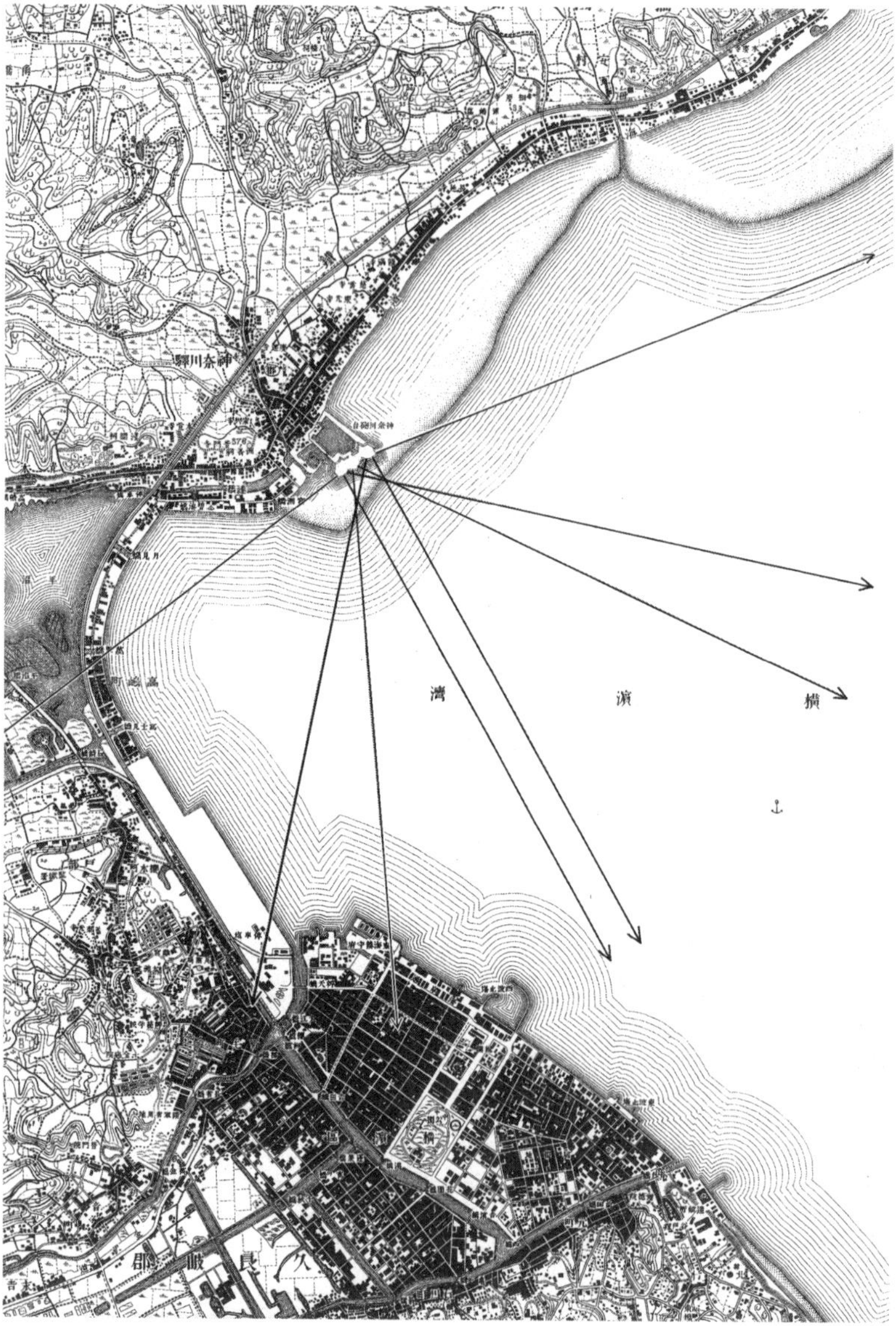

図 37　神奈川台場の火力構成
「1/20000　迅速図・横浜区」（参謀本部陸軍部測量局、1881 年）に加筆。

開港場方向に射界をとりつつ、胸墻と側墻を伴ってめぐらされていたことが知られる。こうした塁台の形状は、基本的に品川台場と同様のもので、オランダ築城書に拠って設計されたことをうかがわせる。備砲は全て前装滑腔砲で、佐賀藩の鋳造した「三十六封度」カノン十挺を借用して据え付けたほか、松山藩が川口の鋳物師安次郎に鋳造させた「六十斤」ボムカノンも配備していた(39)。

また神奈川台場は、背面に設けられた二本の土橋によって陸地と連結され、この土橋で囲んだ水面を舟溜として利用する構造になっていた。同所には、薩摩藩が幕府に献納した「昇平丸」や「鳳瑞丸」といった帆走軍艦が配備され、幕府海軍の即応基地としての機能も併せもった。その他松山藩では、権現山の中腹幸ケ谷に陣屋を設けて藩兵の詰所とし、同山上に遠見番所を設けて横浜湾の監視をおこない、さらに新町にも子安台場を築造して沿岸警備の補強とした(40)。

註

（1）東京大学史料編纂所編『維新史料綱要　巻二』（東京大学出版会、一九八三年）五〇四頁。
（2）「嘉永七年三月　相州備場請取方書取」（神奈川県県民部県史編集室『神奈川県史　資料編十　近世（七）』神奈川県、一九七八年）四二一頁。
（3）「相模国御備場御用一件」（細川家編纂所編『改訂肥後藩国事史料　巻二』国書刊行会、一九七八年）四九六～五〇〇頁。
（4）「嘉永七年四月　相州備場等請取済届書」（前掲『神奈川県史　資料編十　近世（七）』）四二三頁。
（5）「嘉永七年七月　相州備場配置人数書上および村方役職任命」（同右）四二六頁。
（6）「相州御備場御用一件」（前掲『改訂肥後藩国事史料　巻一』）五三五頁。
（7）同右、五三一～五三四頁。
（8）写本「西洋流　薬法調術・大砲且歩兵銃手鑑」（個人蔵）。
（9）「相州御備場御用一件」（前掲『改訂肥後藩国事史料　巻一』）五三四頁。

(10)「安政二年二月　相州備場詰人数等書付」（前掲『神奈川県史　資料編十　近世（七）』）四四三頁。
(11)「安政五年六月　諸藩備場持場替につき達書」（同右）四六九頁。
(12)同右。
(13)「文久三年五月　熊本藩主細川慶順相州警衛御免除、佐倉藩主堀田正倫任命」（同右）四七九頁。
(14)末松謙澄『防長回天史　上巻』（柏書房、一九六七年）一二九頁。
(15)「嘉永七年三月　彦根藩預所郷村引渡につき取扱方申送書」（前掲『神奈川県史　資料編十　近世（七）』）三七二〜三七七頁。
(16)前掲『防長回天史　上巻』一三〇頁。
(17)同右、一三一頁。
(18)同右、一三一頁。
(19)同右、一三七頁。
(20)「安政五月六月　萩藩警備持場変更達書」（前掲『神奈川県史　資料編十　近世（七）』）四〇四頁。
(21)前掲『防長回天史　上巻』一三七頁。
(22)「千代ケ崎・久里浜にて砲術打方見分」（横須賀市編『新横須賀市史　資料編　近世Ⅱ』横須賀市、二〇〇〇年）六二五〜六三一頁。
(23)山本詔一編『幕末　浦賀軍艦建造記』（横須賀市、二〇〇二年）を参照のこと。
(24)箭内健次編『通航一覧続輯　第五巻』（清文堂、一九七三年）二〇三頁。
(25)「嘉永七年七月　相州備場配置人数書上および村方役職任命」（前掲『神奈川県史　資料編十　近世（七）』）四二九頁。
(26)「安房上総御備場え差置候兵器之覚」（勝安房編『陸軍歴史　上巻』原書房、一九六七年）二四六頁。
(27)富津市編『富津市史　通史』（富津市、一九八二年）六六六頁。
(28)谷口澄夫『岡山藩政史の研究』（塙書房、一九六四年）六五九頁。
(29)筑紫敏夫「江戸湾警衛備前岡山藩の房総領地支配（上）」（『いわせ川』第十四号、一九九一年三月）六頁。
(30)前掲『岡山藩政史の研究』六六〇頁。
(31)前掲「嘉永七年七月　相州備場配置人数書上および村方役職任命」四二八〜四三〇頁。
(32)「遊房総記」（改訂房総叢書刊行会編輯『改訂房総叢書　第四輯』改訂房総叢書刊行会、一九五九年）一二七頁。

(33) 横浜市役所編『横浜市史稿　地理編』(名著出版、一九七八年)八一六頁。
(34) 内藤素行「神奈川砲台の始末」(史談会編『史談会速記録　合本三十三』原書房、一九七四年)四八四頁。
(35) 同右、四八六頁。
(36) 前掲『横浜市史稿　地理編』八一七頁。
(37) 前掲「神奈川砲台の始末」四八六頁。
(38) 土木学会編『明治以前日本土木史』(彰国社、一九三六年)一二九〇頁。
(39) 前掲「神奈川砲台の始末」四八七頁、四八九頁。
(40) 前掲『横浜市史稿　地理編』八一七頁、八二二頁。

Ⅲ．幕末動乱期の海防体制

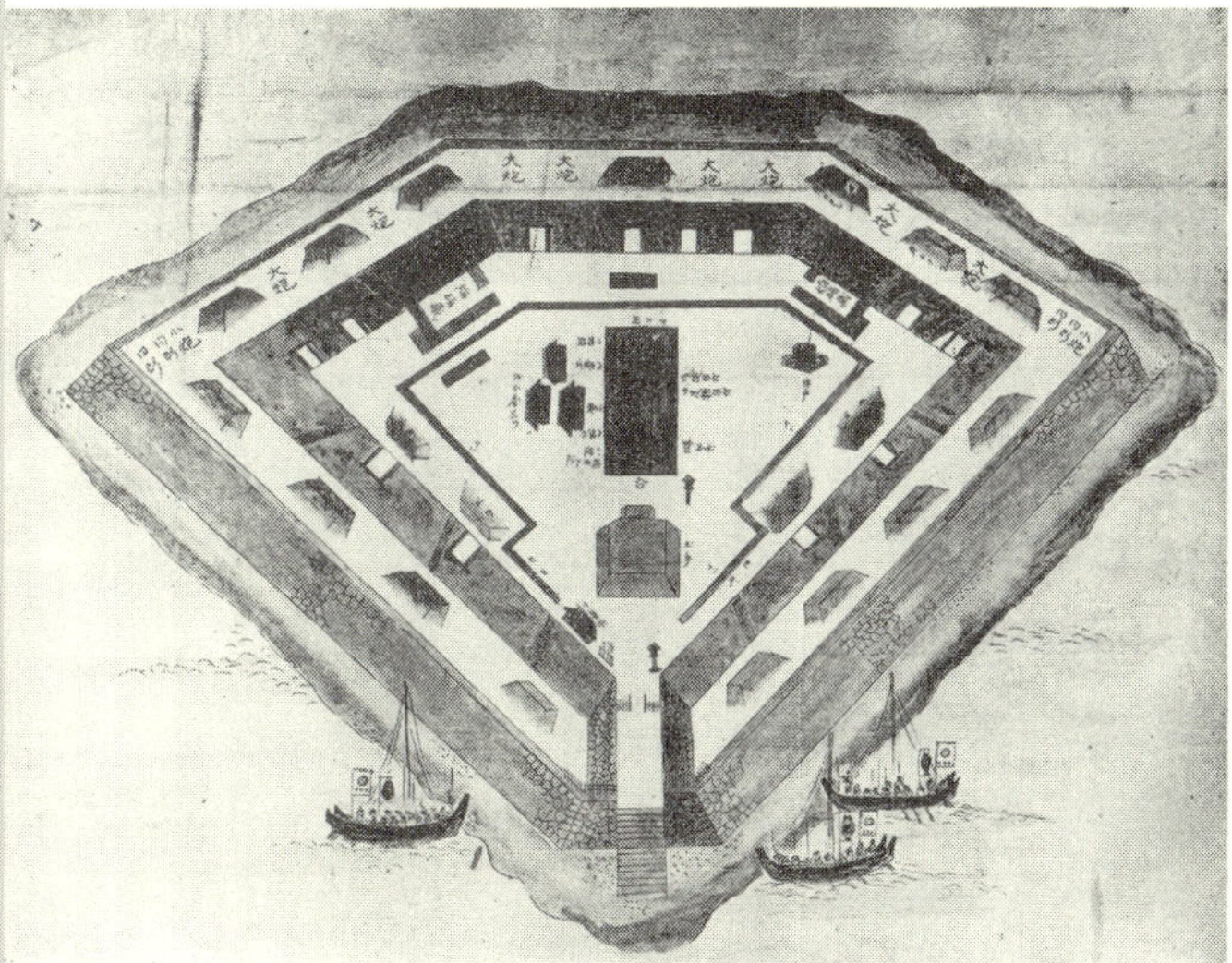

庄内藩が警備していた当時の品川五番台場絵図
出典：『軍事史研究』（第２巻第２号、1937年４月）口絵。

一、江戸湾防備の強化

文久年間（一八六〇年代初頭）に入ると、反幕的な政治勢力による尊王攘夷運動が激化し、内政・外交の両面で幕政が動揺しはじめた。ことに攘夷運動の急進化は、外国人殺傷や公使館襲撃といった、対外関係に緊張をもたらす重大事件の頻発につながり、西欧列強の対日外交姿勢を硬化させる結果となった。実際にイギリスは、東禅寺襲撃事件に対する報復措置として対日沿岸封鎖計画を立案したり、生麦事件を起こした薩摩藩との緊張関係を深めるなど、砲艦外交の発動へとつながりかねない強硬姿勢を示しつつあった。

文久三（一八六三）年五月、軍艦操練所教授方小野友五郎は望月大象と連名で、江戸湾内海の海防施設再整備に関する上申書を幕府の「海岸御警衛掛」へ提出した。その内容は、①未着工のままで中断されている品川沖の四・七番台場を竣工させること、②品川台場に連接する御殿山下台場の塁台を「品川沖御台場之振合」に改修してそこに洋式砲を備えること、③江戸市街部沿岸「品川辺より築地辺ニ至迄」の間に十ケ所の西洋式台場を新規築造すること、等が骨子となっていた[1]。御警衛掛では、上申をおこなった小野・望月両名への諮問を経てこの意見を採用することに決し、文久三年七月、施工に関する見積りを立案した[2]。

かくて文久三年末頃には、「品川沖壱番并二番御台場之応援之ため御取建可相成」との上申を容れて、四番と七番両台場の建設が開始される運びとなった。しかし、普請を請負った永嶋庄兵衛らは、資金難という問題に直面して工

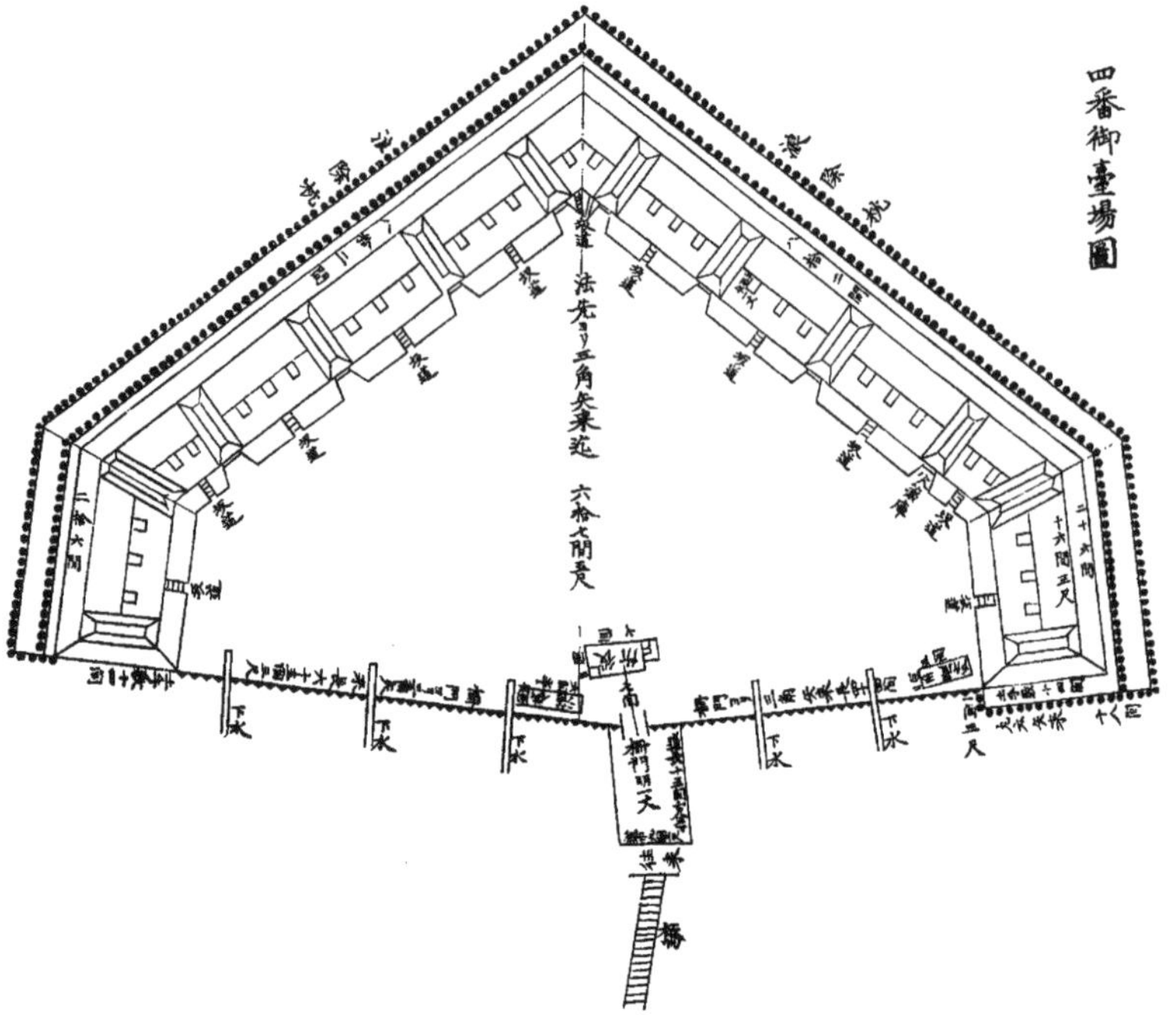

図 38　御殿山下（陸附四番）台場
出典：勝安房編『陸軍歴史　上巻』（陸軍省、1889 年）、「巻 10」付図。
※御殿山下台場の塁台を改修し、陸附四番台場と改称した。

事を中止するの余儀なきに至り、結果的にいずれの台場も完成にこぎつけることなく終わった。ちなみにそれぞれの施工状況を見ると、四番台場は土台を築いて石垣を半ば位まで積み上げたところで工事中止、七番台場はまだ埋立の途中であった。

　また御殿山下台場は、安政元（一八五四）年十二月に竣工した折には塁台部分が和流の築城法によって造られており、備砲も水戸藩が幕府に献上した和筒で、[3]「五貫目」五挺と「一貫目」二十五挺という構成だった。文久の改修では、塁台部分を砲座・胸墻・側墻から成る西洋式の築城法に倣うものへと造り変え、[4]備砲についても大部分の和筒を撤去して、次のような洋式砲へ換装した。[5]

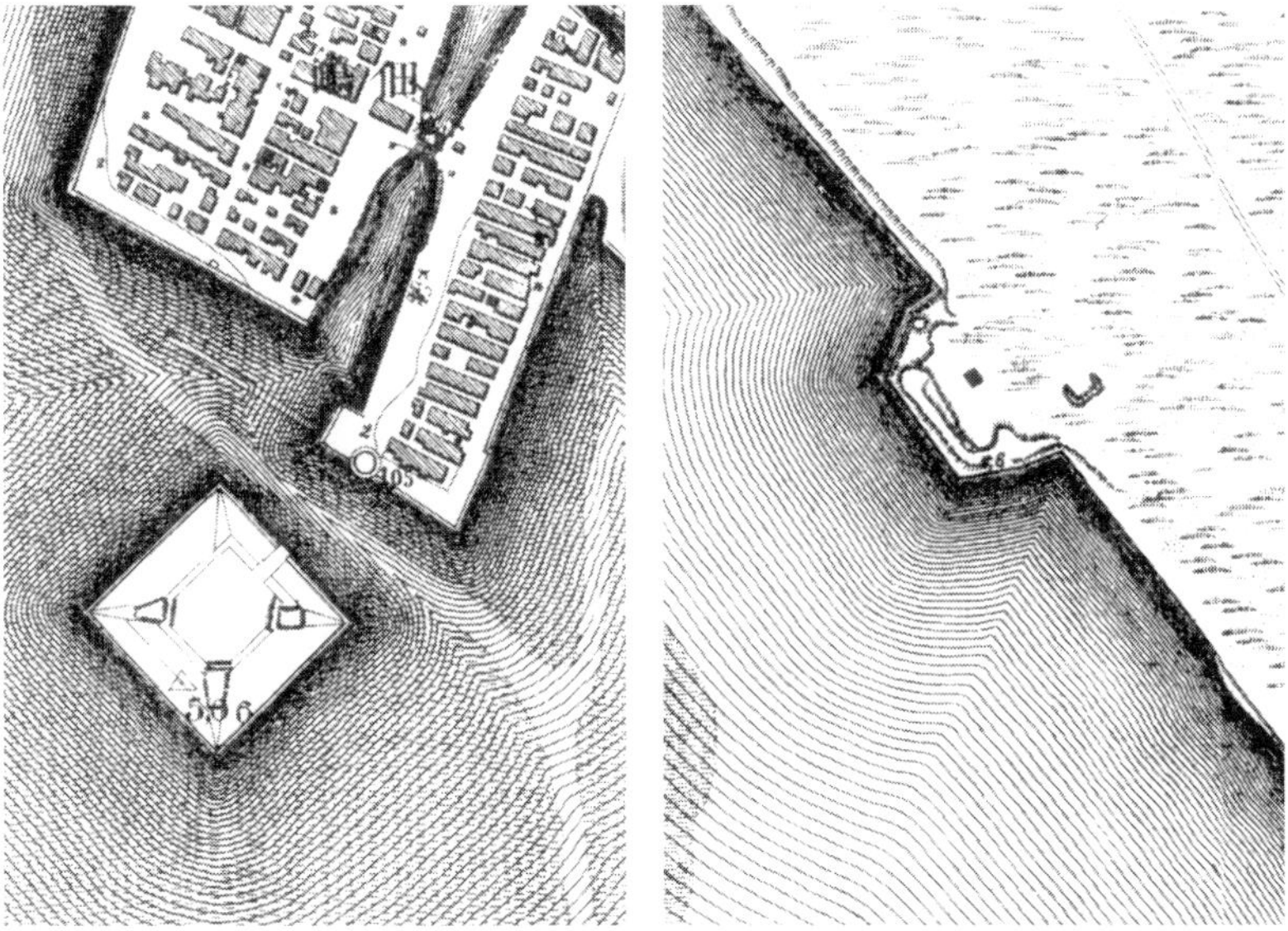

図 39　佃島台場・越中島台場
出典：「1/5000　東京南東部」（参謀本部陸軍部測量局、1887 年）。

百五十ポンドボムカノン	一挺
八十ポンドボムカノン	五挺
五十ポンドステーンモルチール	一挺
二十八ポンド（註。十八ポンドの誤り）カノン	一挺
二十四ポンドカノン	一挺
二十九ドイムモルチール	一挺

なお、この文久の改修を経て、御殿山下台場は陸附四番台場と称されるようになった。これは、海堡として計画された本来の四番台場が未完成のまま放置される結果となったため、その欠番を補充する意味があったと思われる。

文久年間の内海防備強化にあたり、幕府は前記陸附四番台場の改修を含め、「都合拾壱ケ所」の沿岸台場を建設する計画を立てていた。これらの台場は西洋式の築城術にもとづいて計画され、日本国内で倣製したオランダ式の前装滑腔砲が配備されることになっていた。さらに幕府は、広島藩屋敷台場に二十四ポンドカノン五挺と二十ドイムホウイッツル三挺を、また二本松藩屋敷台場に陸附四番台場から撤去した和筒十二挺を供与するなど[6]、江戸市街部沿岸の警備にあたる諸藩の防禦力強化を促している。

新設台場のうち最も重視されたのが佃島台場で、品川台場の防禦線の東側海上に生じた空白を補う役割を担い、佃島南西の砂洲上に小型の海堡として建設された。佃島台場は最初「側面を内向きに屈折させて凹角を形づくった」[7]四稜の星形堡として設計されたが[8]、施工に至るまでの間で設計変更がおこなわれたらしく、竣工後の図を見ると方形堡となっている[9]。備砲は、二十四ポンドカノン六挺とステーンモルチール二挺で[10]、品川台場の東側面から進入を図ろうとする敵艦を射程に収めた。また、品川台場の東側面を防禦するために設計されたもう一つの台場に、越中島台場がある。同台場の形状はリュネッテ（Lunette）の前部を切った突角堡で[11]、二十四ポンドカノン五挺と十二ポンドカノン七挺が配置される予定となっていたが[12]、資金難により請負業者が工事を中止したため、完成に至らなかった[13]。

また大井村地先・品川寄木明神前・高輪八ツ山下・高輪如来寺前・芝田町地先の六ケ所にも、前部を切った小型の突角堡が建設される予定となっており[14]、各台場にそれぞれ十八ポンドカノン二挺と十二ポンドカノン六挺、十五ドイムランゲホウイッツル二挺が配備される計画であった[15]。これら六基の台場は、「連接して翼面之砲火十字形相成」るよう「八町目毎に軽便之大砲」を備えるという条件にもとづいて設計されたが[16]、竣工に至ったのかどうか明らかでない。浜御庭内の台場は「中澪を真向ニ請肝要の地勢」に位置し、同所は「諸廻船も此舟路を乗来ニ付敵船も同様乗来へき義ニ候へは別而御厳重ニ御備無之候而は不相成御場所」とされていた[17]。台場は海に接した庭の隅角を利用して鉤形の塁台を設けたもので[18]、二十四ポンドカノン五挺と、二十ドイムホウイッツル三挺が配備された[19]。明石町の台場も「中澪を真向ニ受候処ニ而地勢至而宜候」[20]場所に位置し、「東之方ニ曲折」った形で鉤形の塁台が設けられていた[21]。備

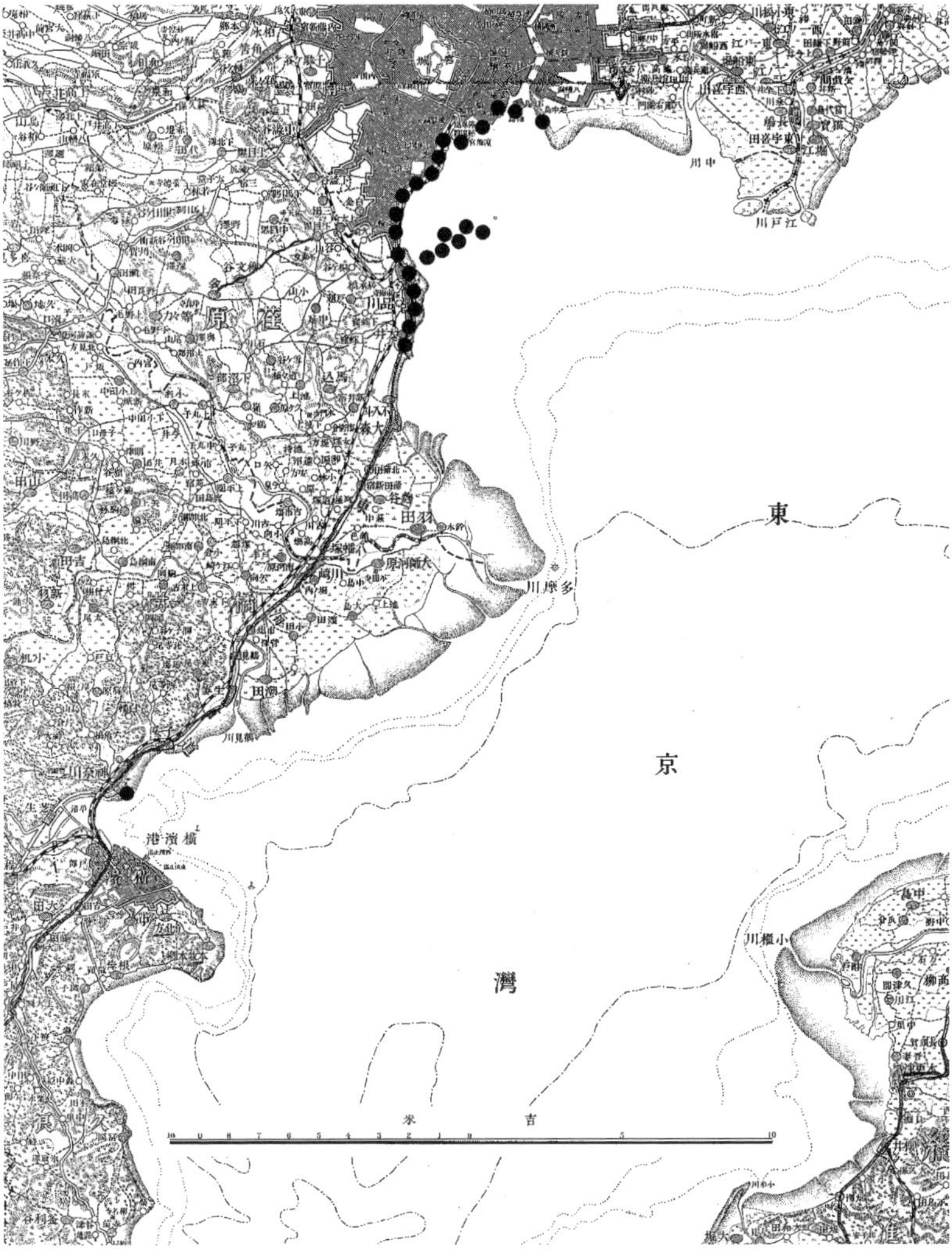

図 40　江戸湾内海の台場

「1/200000　東京」（陸地測量部、1888 年）に加筆。

※ 図中の●が台場の位置

砲は二十四ポンドカノン五挺と二十ドイムホウイッツル三挺であった[22]。

これら十基の沿岸台場は、同じ海岸線に藩邸をもつ薩摩・二本松・鳥取・福井・紀伊・広島・土佐といった諸藩の台場と連携しながら、江戸市街部の防備にあたる方針をとっていた。このため幕府は、諸藩の台場にも西洋砲を備えることを奨励したが、自藩の保有する火砲を以てこうした要請に対応できたのは、薩摩・鳥取・福井の三藩だけだった。

文久年間に幕府が内海への建設を計画した沿岸台場のうち、竣工したことが確認できるのは佃島・浜御庭内・明石町台場の三基である。越中島台場は未完成のまま工事が中止されており、高輪から大井川にかけての海岸に計画された六基の台場については、どの程度まで建設が進んだのかさえ明らかでない。ちなみに江戸湾内海の防備強化を促す原因となった西欧列強の軍事的圧力は、慶応元（一八六五）年以降尊王攘夷運動が下火となるのに伴い、外交的に緩和されていった。こうした周辺環境の変化によって、尨大な経費を要する海防施設の建設が消極化した結果、四・七番台場と越中島台場は未完成のまま放置されることとなり、防備計画そのものも中断の余儀なきに至ったものと思われる。

江戸湾の防備強化が計画された文久三年は、前年に発生した生麦事件の処理をめぐってイギリスの対日姿勢が硬化し、併せて同年四月に発せられた、攘夷期限を「五月十日」とする幕府の沙汰により、欧米列強との間に「可開兵端候儀ニも可有之[23]」ことが懸念されるという、緊迫した外交情勢に彩られた年だった。こうした情勢を背景に、幕府は内海のみならず湾口の海防体制再編にも着手し、西洋流の兵学・砲術に長じた佐倉藩を相州警備に任ずると共に、浦賀奉行所管下の台場における火力増強を図って、観音崎から浦賀港周辺にかけての防備を強化した。

文久三年五月二十七日、佐倉藩に対して「相模国御備場細川越中守様御代り被為蒙仰候間、御警衛厳重行届候様可

被致候[24]」旨の幕命が下された。これより、ペリー来航後十年間にわたって外様藩に委ねられて来た相州警備が、再び譜代藩の担当へと戻されることとなった。次いで佐倉藩は、「武蔵・相模国高三万三千石余」[25]を領地として請け取り、計三百三十四人に及ぶ人員を相州へ派遣した[26]。同年七月、佐倉藩は前任の熊本藩が警備を担当していた観音崎周辺の台場を「御備付大筒・小筒・御道具類」[27]ごと引き継ぎ、湾口の要衝警備にあたった。この時佐倉藩の管下に入ったのは、猿島・旗山・十石・観音崎（鳶巣）・鳥ケ崎・亀ケ崎の諸台場であったと思われる。

しかし翌元治元（一八六四）年四月、譜代の松本藩が相州警備に加わると、鳥ケ崎・亀ケ崎の両台場は同藩に移管され、佐倉藩の持場は観音崎・十石・旗山の三台場だけになった[28]。猿島台場については、この時に発令された「相州御備場諸御番所御番割」に載っておらず、廃止されていた可能性が高い。各台場の備砲については、熊本藩から引き継いだものがそのまま使われたと思われるが、松本藩の管下にあった鳥ケ崎台場では慶応元年八月、浦賀奉行所管下の館浦台場から取りはずした「長加農十二斤」一挺が備砲に加えられている[29]。また、観音崎（鳶巣）台場に関しては、明治二（一八六九）年時の記録に「砲台ニ装備セシ二十四斤砲六門臼砲一門」[30]との記事があることから、備砲の換装がおこなわれたとも考えられる。なお、佐倉・松本両藩による相州警備は、慶応三（一八六七）三月の持場替えまで続けられ、以後は江川太郎左衛門に引き継がれた。

一方、浦賀奉行所は「専ラ港内警備及び外国人応接ノ事ニ膺ラシム」[31]という嘉永五（一八五二）年以来の幕府の方針によって、軍事的な任務が浦賀港の防衛に集約されており、こうした海防上の役割は明治維新を迎えて終焉するまで変わらなかった。文久年間、浦賀奉行所の管下にあった台場は、明神崎・亀甲岸・見魚崎・千代ケ崎・鶴崎の五ケ所で、文久三年に館浦台場が竣工すると見魚崎台場は廃止された。また浦賀奉行所では、弘化四（一八四七）年に西洋流砲術を導入して以来、海防上の要請にもとづいてこれを与力・同心に学ばせ、文久年間には前装滑腔砲段階の軍事技術に対応した各種火砲の操法を定着させていた。同時に洋式砲の配備も進め、文久年間に入ると千代ケ崎台場以外の諸台場の備砲を全て洋式砲に換装した。

明神崎台場は、浦賀港の入口に位置する明神山の南端に設けられた、「西洋風」[32]の高地砲台である。同台場の形状については、「浦賀応接之図」[33]に描かれた絵図や、赤星直忠氏の手に成る略側図を見ると[34]、西洋式の築城法による後開堡であったと考えられ、一九五〇年代まで残されていた遺構には、胸墻と側墻と思われるものが認められる。文久三年時点での備砲は、「十二斤長加農」一挺・「二十四斤長加農」四挺・「三十斤榴加農」一挺の計六挺であった[35]。同台場は、海抜一五メートル程の岬の台上に設けられており、浦賀港に進入しようとする外国船を長射程で「迎打」するのに適していた。備砲の全てが射程の長いカノン砲なのは、こうした要請に対応するものであった。

亀甲岸台場は、浦賀港内の「御番所脇」に設けられた低地砲台である。その形状は亀甲形であったともいわれ、洋式築城における突角堡（Lunette）だった可能性が高い。同台場は浦賀港のほぼ全体を射界に収める構造で、港内へ進入しようとする外国船を「榴弾」の擲射によって「迎打」する機能を有していた。こうした役割に対応する火砲として、「十五寸忽炮」一挺・「二十寸忽炮」四挺・「石臼炮」一挺が配備されていた[36]。

見魚崎台場は、浦賀港口の南側海岸に突出した出崎の台上に設けられた高地砲台で、浦賀港への進入を図る外国船に対し、「横打」する機能を有していた。同台場は、文久三年二月時点で「十二斤シキッフ加農」三挺・「三十斤榴加農」二挺・「二十寸臼炮」一挺・「二十九寸臼炮」一挺の火砲を備えていたが[37]、同年六月の館浦台場建設に伴って廃止された。

館浦台場は、見魚崎の東側にある「ヤカタ浦ノ浜」[38]に設けられた水際の低地砲台で、浦賀港へ近づく外国船をカノン砲の平射で「横打」する機能を有していた。台場の形状は、西洋式築城法に倣った後開堡で、胸墻と側墻をもつ構造だったと推定される。館浦台場の備砲は、文久三年時点で「二十四封度長加農」四挺と「三十封度榴加農」四挺に、仮据の「二十九拇臼炮」一挺・「十二封度船用短加農」六挺・「十二斤加農」一挺を加えたものだったが、[39]仮据分の八挺は慶応元年に「八十封度榴加農」二挺・「六十封度榴加農」二挺・「二十四封度長加農」四挺と換装された。[40]

千代ケ崎台場と鶴崎台場は、嘉永七年から安政五（一八五四〜五八）年までの間萩藩の管下に置かれたが、同藩が相州警備を免じられたのに伴い、浦賀奉行所の管下に戻されたものである。萩藩は相州から撤収する際、自藩で調達した火砲を次の任地に搬出しており、浦賀奉行所では以前配備していたのとほぼ同様の火砲を再び据え付けたようである。[41]両台場とも、浦賀港と久里浜の間を隔てる出崎に設けられており、浦賀燈明堂ないし久里浜の海岸に接近しようとする外国船に備えたものであった。

また同時期の房総警備について見ると、安政五年の持場替えを機に富津の陣屋と台場以外の海防施設は廃止され、この時選任された二本松藩が単独で、富津陣屋を拠点とする「上総国備場」の警備を担当していた。二本松藩は、上総国三十一ケ村「高壱万千百六十石三斗四升四合五才」[42]の預所を与えられ、藩の士卒約一千人（のちに半減）を富津へ派遣して海防の任に就いた。

文久三年時点における「富津警備二本松役人」[43]は、御番頭日野大内蔵以下五十六人であった。また二本松藩管下の富津台場には、「ボンヘン大筒　口八寸・長九尺」二挺と「六寸口筒・三寸口筒」の大筒十五挺が据えられていた。[44]なお、富津を中心とする房総側の警備に関しては、現存の史料を見る限り、文久年間に拡充された形跡は特に認められない。こうした点から考えて、文久期における江戸湾湾口防備の強化は、相州側の観音崎と浦賀港周辺に重点を置いたものだったということできる。

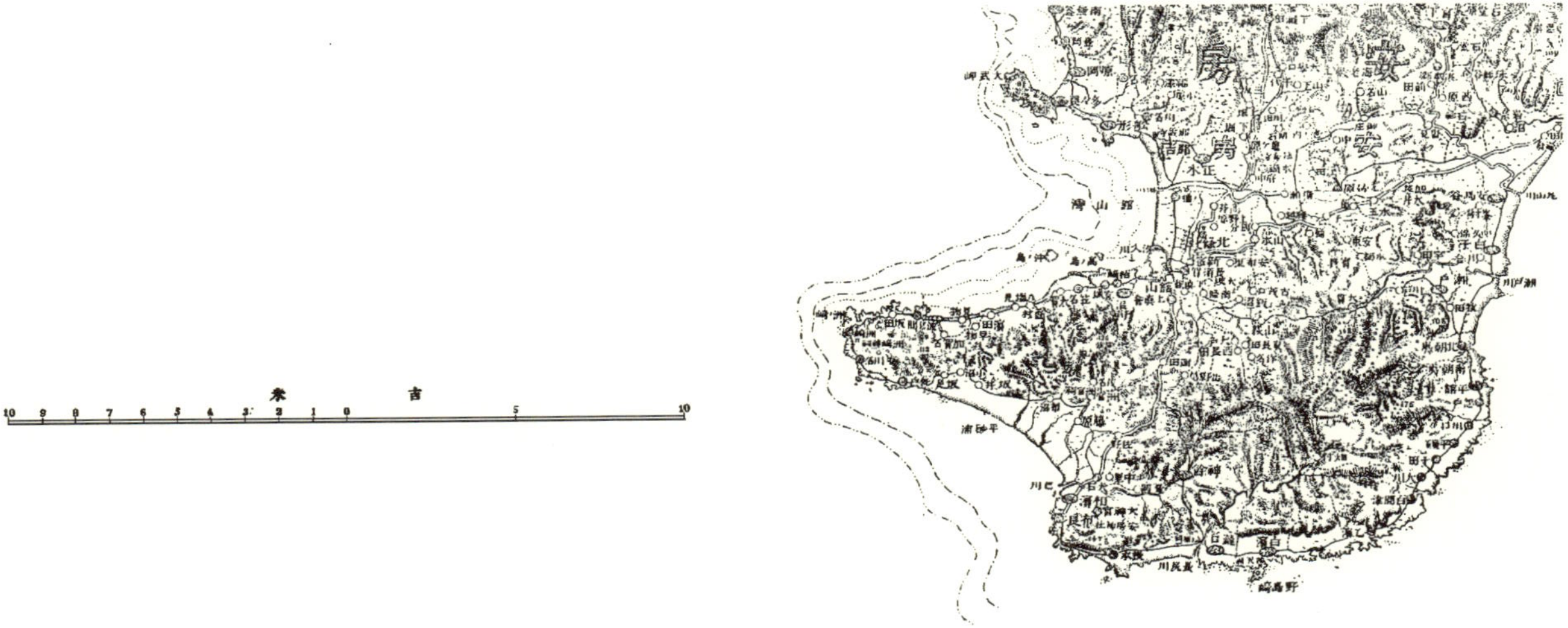

図41　幕末動乱期における江戸湾湾口の台場（文永3年〜慶応3年）
「1/200000　横須賀」（陸地測量部、1894年）に加筆。
※ 図中の●が台場・遠見番所の位置

註

（1）「海岸御備之儀に付申上候書付」（勝安房編『陸軍歴史　上巻』原書房、一九六七年）三一〇～三一四頁。
（2）「品川より越中島迄之海岸砲台御取建相成候御入用之義に付奉伺候書付」（同右）三二六～三三〇頁。
（3）水戸市史編纂委員会編『水戸市史　中巻（三）』（水戸市、一九七六年）二三二頁。
（4）「四番御台場図」（前掲『陸軍歴史　上巻』）二八二頁。
（5）「四番陸附御台場御据筒」（同右）三二〇頁。
（6）「大砲御鋳造之義申上候書付」（同右）三二一頁。
（7）Pel, C. H. M., *Handleiding tot de kennis der versterkingskunst* (Hertogenbosch: Gebroders van Miller, 1852), p.35.
（8）「佃島砲台絵図」（東京都立中央図書館所蔵）。
（9）「1／5000　東京南東部」（参謀本部陸軍部測量局、一八八七年）。
（10）前掲「大砲御鋳造之義申上候書付」三二一頁。
（11）「越中島炮台絵図」（東京都立中央図書館所蔵）。
（12）前掲「大砲御鋳造之義申上候書付」三二一頁。
（13）前掲「1／5000　東京南東部」の地形図を見ると、未完成の状態で放置された様子がうかがわれる。
（14）「大井町より芝田町迄六ケ所炮台絵図」（東京都立中央図書館所蔵）。
（15）前掲「大砲御鋳造之義申上候書付」三二一～三二二頁。
（16）前掲「海岸御備之儀に付申上候書付」三一一～三一二頁。
（17）同右、三一三頁。
（18）「浜御庭内炮台絵図」（東京都立中央図書館所蔵）。
（19）「浜御庭内炮台据筒」（前掲『陸軍歴史　上巻』）三二〇頁。
（20）前掲「海岸御備之儀に付申上候書付」（同右）三一三頁。
（21）「鉄砲洲明石町炮台絵図」（東京都立中央図書館所蔵）。
（22）「鉄砲洲明石町砲台御据筒」（前掲『陸軍歴史　上巻』）三二一頁。
（23）「御用向手留」（横須賀史学研究会編『新訂　臼井家文書　第四巻』横須賀史学研究会、一九九九年）二八六頁。
（24）「文久三年五月　佐倉藩主堀田正倫橘樹郡神奈川警備解任、相州備場警衛任命」（神奈川県県民部県史編纂室『神奈川県史

(25) 資料編十　近世（七）』神奈川県、一九七八年）四八四頁。
(26) 「文久三年六月　相州備場警衛につき武州預所村々請取」（同右）四八五頁。
(27) 佐倉市史編さん委員会編『佐倉市史　巻二』（佐倉市、一九七三年）六七六頁。
(28) 逗子市編『逗子市史　資料編Ⅱ　近世Ⅱ』（逗子市、一九八八年）五七三頁。
(29) 「元治元年四月　相州備場番所勤番割申渡」（前掲『神奈川県史　資料編十　近世（七）』）四八六～四八七頁。
(30) 「大砲鋳立場御用留」（浦賀古文書研究会編『新訂　臼井家文書　第五巻』浦賀古文書研究会、二〇〇七年）二一六頁。
(31) 横須賀鎮守府編『横須賀造船史　第一巻』（横須賀鎮守府、一八九三年）一三七頁。
(32) 東京大学史料編纂所編『維新史料綱要　巻二』（東京大学出版会、一九八三年）三五八頁。
(33) 箭内健次編『通航一覧続輯　第五巻』（清文堂、一九七三年）一三七頁。
(34) 金沢文庫所蔵。
(35) 赤星直忠「三浦半島の台場と砲台」（稿本コピー、横須賀市史編纂室所蔵）。
(36) 「御用向手留」（前掲『新訂　臼井家文書　第四巻』）二七八～二七九頁。
(37) 同右、二八〇～二八一頁。
(38) 同右、二七九～二八〇頁。
(39) 前掲「三浦半島の台場と砲台」。
(40) 前掲「大砲鋳立場御用留」一〇八頁。
(41) 同右。
(42) 千代ケ崎台場の備砲は和筒と洋式砲の混合（前掲『新横須賀市史　資料編　近世Ⅱ』六二五～六二六頁）、鶴崎台場の備砲は、「二十四ホント舶来カロナーデ砲一挺、二十四ホント舶来ホーウイッツスル砲一挺、舶来二十四ホント長カノン一挺」（杉本勲ほか編『幕末軍事技術の軌跡――佐賀藩史料〝松乃落葉〟――』思文閣、一九八七年、四八頁）であった。
(43) 本宮町史編纂委員会編『本宮町史　第五巻　資料編Ⅱ　近世（一）』（本宮町、一九九二年）二六五頁。
(44) 同右、二八四頁。
(45) 「富津御台場御多門ノ図」（福島県立博物館編『図録　海まくあけ』福島県立博物館、一九九五年）二七頁。

二、浦賀奉行所による洋式砲製造

江戸湾に来航する外国船に備えて、相州・房総沿岸へ台場が築かれるようになった当初、そこに配備された火砲は全て和流砲術に対応する伝統的な和筒だった。これらの火砲は「長い鎖国で砲の進歩も、射法の進歩も何一つない」(1)と評されるように、江戸湾防衛の具体化が求められるようになっていた十九世紀前半において、既に旧式化が目立つものだったといえる。ただし沿岸警備を担当する諸藩が、既存の軍事力を動員して即応的に海防体制を構築し得たという点で、伝統的な和流砲術の存在は過少評価されるべきではなかろう。

天保・弘化年間に入ると、海防の現場を預る諸藩の間で洋式砲の必要性が認識されるようになり、それぞれが独自の方法で調達に乗り出していく。ここにいう洋式砲とは、主として前装滑腔砲段階のオランダ式火砲を指し、大口径で弾丸効力が大きく、目的に応じた各種の砲弾を使い分けられるという点が、海防すなわち対艦船用の火砲としての有用性につながっていた。洋式の火砲を調達するには、①ヨーロッパ製のものを輸入する、②江川太郎左衛門、下曽根金三郎といった砲術家に鋳砲を依頼する、③武州川口や江戸の鋳物師に鋳砲を請負わせる、④藩領の造兵施設で鋳砲する、といった方法がとられたが、反射炉を用いて銑鉄砲鋳造を成功させていた佐賀藩などの例を除き、当時国内で製造できるのはほぼ青銅砲に限られていた。

徳川幕府による洋式砲鋳造のための官営事業は、ペリー来航を機に「品川台場普請及び大砲鋳造御用を命ぜられた」[2]伊豆韮山の代官江川太郎左衛門によって推進された。江川は江戸府内に湯島馬場鋳砲場を設けると共に、韮山での反射炉建設を試みて、品川台場の備砲製作にあたった。湯島馬場鋳砲場では総計百七十五挺の青銅砲が鋳造され[3]、うち百十八挺を品川台場へ備砲として供給した。しかし韮山反射炉では、本来の目的であった銑鉄砲鋳造がなかなか軌道に乗らず、品川台場へ火砲を送ることはできなかった。文久年間（一八六一〜一八六三）に入ると、湯島馬場鋳砲場の製砲技術や製品としての火砲の品質に関する問題点が指摘されるようになり、元治元（一八六四）年には、それまで江川太郎左衛門に委任されて来た同所の操業を差し止め、新たに建設された幕府直営の関口大砲製造場が稼動することとなった。

浦賀奉行所でも同じ年、新設の館浦台場に火砲を供給するため、川間に大砲鋳立場を建設し、計十一挺の火砲とそれに付属する車台・砲弾等を製造した。この大砲鋳立場で鋳造されたのは、青銅製のオランダ式前装滑腔砲であり、浦賀近在の鋳物師のほか火砲鋳造の経験をもつ武州川口宿の鋳物師も招致して、鋳砲業務を請負わせた。その結果、浦賀における鋳砲技術は在来の「核鋳法」の水準にとどまるものとなり、同時期に江戸の関口大砲製造場で導入されていた「実鋳法」については、奉行所側で情報を得ていながら実施されることなく終わった。

館浦台場の備砲を浦賀で鋳造する計画が立てられたのは、文久三年十一月のことである。浦賀奉行所では、合原操蔵と岡田増太郎を「御筒鋳立目論見掛」へ任命すると共に、臼井進平ほか四人へ「御筒製造目論見御用」を申し付け[4]、「八十封度榴加農御筒弐挺・六十封度榴加農御筒弐挺・二十四封度長加農御筒四挺」と「三十封度榴加農御筒四挺」分の海岸熕車台製造を具体化していく[5]。館浦台場は文久三年六月頃に竣工した低地砲台で、当初次のような火砲を備えていた[6]。

二十四封度長加農　（明神崎台場より移転）　四挺
三十封度榴加農　（「鳳凰丸」の艦載砲を移転）　四挺
二十九拇臼砲　（仮据）　一挺
十二封度艀用短加農　（仮据）　六挺
十二封度加農　（仮据）　一挺

浦賀での鋳砲が計画されたのは、このうちの「仮据」した八挺について、大型のカノン砲へ換装するためであった。また「三十封度榴加農」四挺は、砲架が艦載用の「轅馬（Rolpaard）」だったことから砲身の設置位置が低く、その配備にあたっては「無是非胸壁え砲門四ケ所切明ケ候」[7]という応急処置がとられていた。このため、沿岸台場への配置に適した「堤砲車（Kustaffuit）」の製作が必要とされたのである。館浦台場の具体的構造は明らかでないが、こうした点から考えて、玉除土手にはさまれて大きく砲門口を開いた形の和流台場ではなく、砲座の前面に胸墻をもった洋式台場であったことが知られる。

元治元年五月、大砲鋳立場の諸施設普請に関する見積りが出され、「御普請中会所」二棟・「大工方細工小屋」二棟・「鍛冶方細工小屋」二棟・「鋳物方細工小屋」二棟・「踏鞴場四ケ所」一棟・「地銅置場」一棟などの建設費「銀九貫三百弐拾五匁七分（金百五拾五両一分　銀拾五匁七分）」が計上された[8]。これら諸施設の普請は、元治元年七月二十二日に開始され、同年八月十日に完了した[9]。しかし実際に建設されたのは次のような施設だけで[10]、費用も「四貫九百六拾九匁三分五厘（金八拾弐両三分　銀四匁三分五厘）」に削減された。

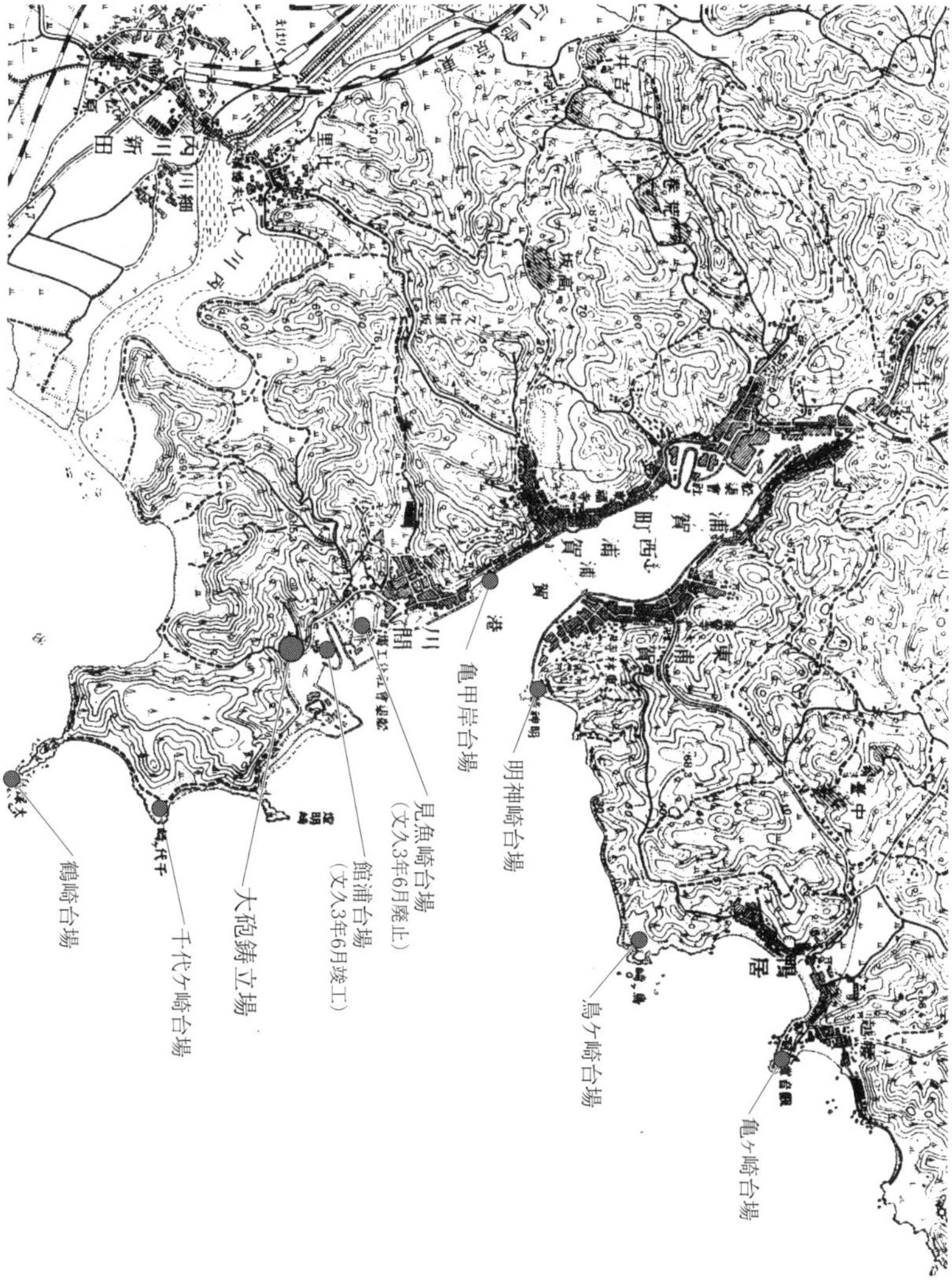

図42　浦賀港周辺の台場と大砲鋳立場
「1／25000　浦賀」（陸地測量部、一九二一年）に加筆。

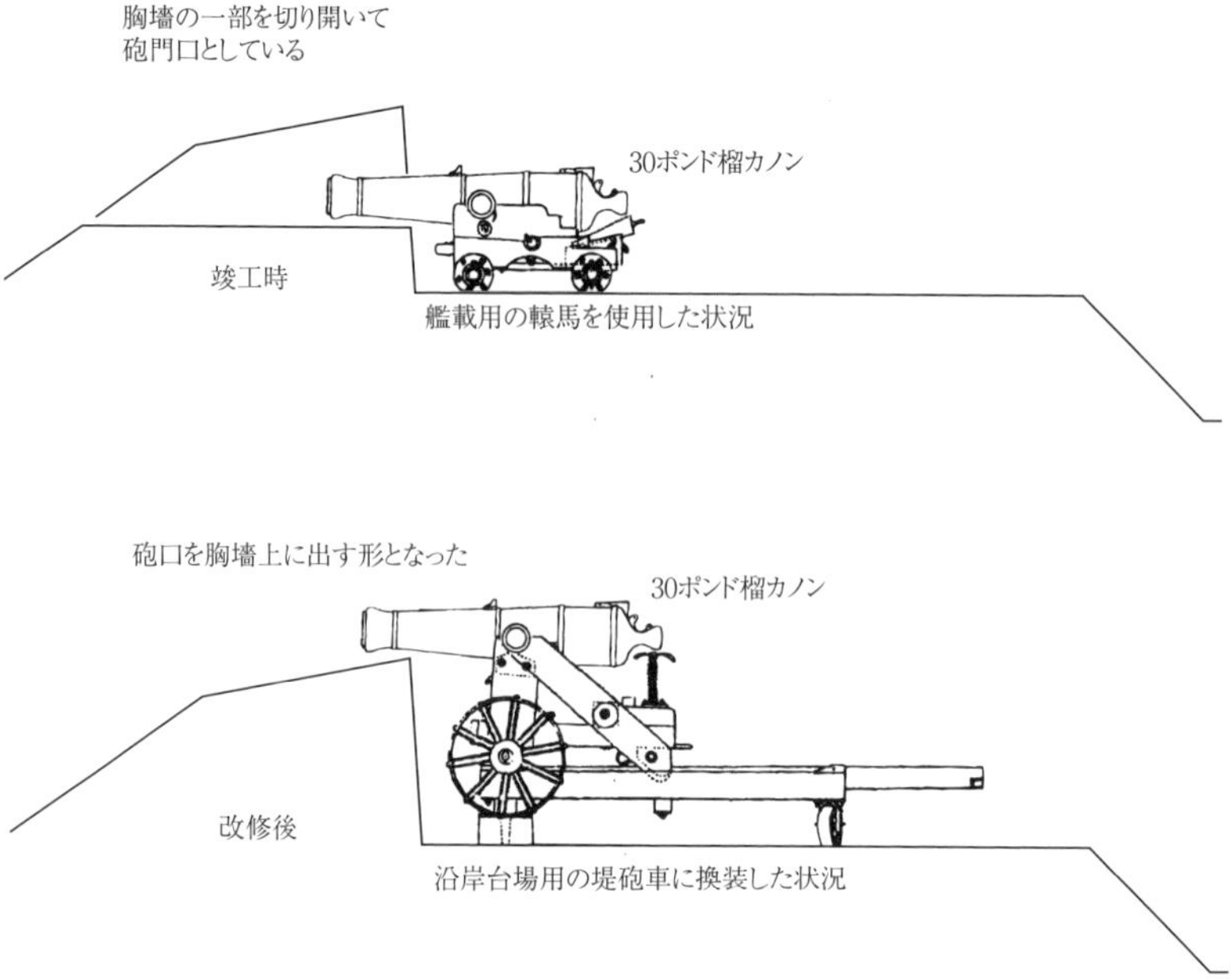

図43　館浦台場の胸墻改修

御普中会所　一棟（建坪七坪）
踏鞴場四ケ所　一棟（建坪十五坪）
地銅置場　一棟（建坪八坪）
鋳物方細工小屋　一棟（建坪三拾五坪）
同右　一棟（建坪拾五坪）

一方、鋳砲に要する地金の見積りもおこなわれ、浦賀奉行所の所有する廃砲を鋳潰して青銅三千二百八十一貫目を得るほか、銅五千七百九十九貫六匁と錫九百九十九貫九百三十六匁を江戸表へ発注することとなった[11]。このうち鋳潰して地金とする廃砲は、文政年間以来浦賀奉行所管下の台場に配置されて来た、「五百目玉・八百目玉・壱貫目玉・弐貫目玉・五貫目炮烙玉」等の和筒二十五挺と、嘉永年間に明神崎台場に配備された「拾二斤長加農」三挺であった[12]。大砲鋳立場で用いられた「地唐金」は銅六十八パーセント・錫三十二パーセントから成る「レ

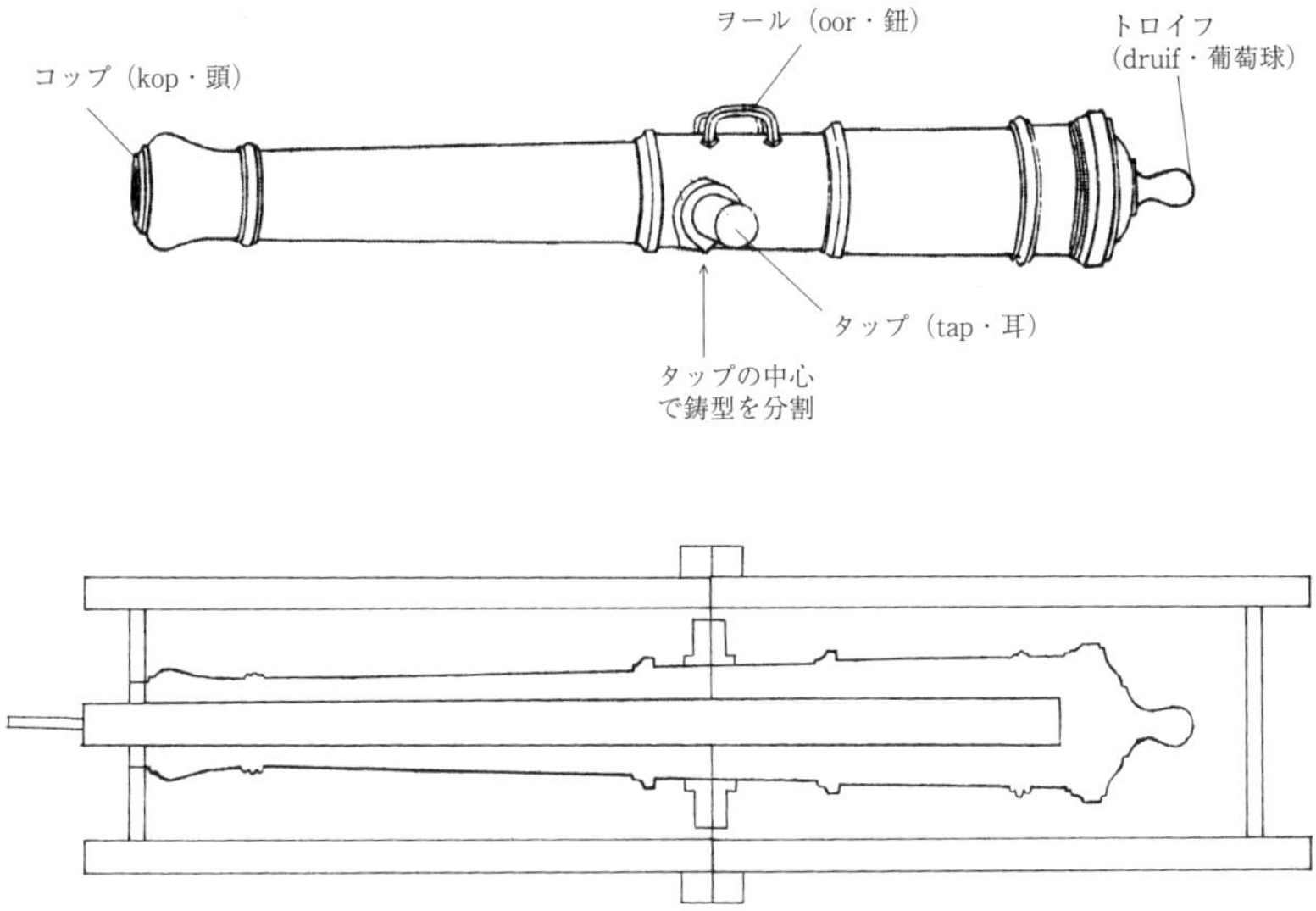

図44　砲身の各部名称と砂型

ゲーリング[13]（Legeering・合金）」すなわち青銅だった。ちなみに廃砲を鋳潰して得た地金（合金の品質が右記の比率通りでないもの）は、新規に吹き合わされた青銅に混合する形で「二十四封度長加農」四挺の鋳造に充てられた。

大砲鋳立場の操業は、元治元年十月四日の廃砲鋳潰しからはじまった。次いで十月八日から十五日にかけて、銅と錫の吹合せがおこなわれ、合計二千七百四十四貫八百目の青銅を得た[14]。さらに「二十四封度加農」の砂型製作もおこなわれ、「タップ（tap・砲耳）中真よりトロイフ（druif・葡萄球）迄」と「タップ中真よりコップ（kop・頭）迄」に二分割された砂型が出来上がった[15]。

また、砲身の鋳造にあたっては「真金《しんがね》」を用いた旨の記録があり、在来の核鋳法による鋳砲がおこなわれたことが知られる。ここにいう「真金」とは、砲身鋳造に際して砲腔を成形するために使われる棒状のインサートであり、江戸時代の伝書には「少しにても打きづあれば夫よりおれ、或は中にてゆすれてすの内くるいきり入れられざる物也」として「くるい無之……随分入念可存事」

とされていた。[16] 浦賀の大砲鋳立場で鋳造された砲身は全て洋式砲であり、和筒に比べて口径が大きく、その分「真金」の太さも増すため、銅製のものが用いられた。[17]

実際の鋳砲作業は、元治元年十月から慶応元（一八六五）年六月にかけて、「二十四封度長加農」四挺・「八十封度榴加農」二挺・「六十封度榴加農」二挺・「三貫目ハントモルチール」三挺の順でおこなわれた。このうちハンドモルチールについては、既存分の「鋳直し」だった。元治元年十月二十四日、大砲鋳立場では第一回の鋳砲作業として「二十四封度長加農」を鋳造したが、この時は「鋳形開き流之鋳損ニ相成り候」[18] との結果だった。その後同年十一月と十二月、翌慶応元年一月と二月に実施された四回の鋳砲はいずれも成功している。「八十封度榴加農」の砲身鋳造は、慶応元年四月と五月に実施され、二挺の砲身が「無滞出来」[19] した。また「六十封度榴加農」の砲身は、慶応元年五月、二回にわたって鋳造された。「三貫目ハントモルチール」の砲身鋳造は、同型砲三挺を鋳直す形で、慶応元年六月におこなわれた。

続いて慶応元年七月、砲弾の製造がおこなわれることとなり、まず「様打」用の二十四封度「唐金実丸」と「鉄実丸」各三発、六十封度「鉄実丸」四発、八十封度「鉄実丸」四発が鋳造された。[20] さらに浦賀奉行所が所有する廃砲九挺と不用の「鉄玉」を鋳潰して、「新規御鋳立之分八挺」のための砲弾を製造した。この時製造された砲弾は「実弾・鉄葉弾・柘榴弾」の三種類であり、各砲にはそれらを組み合わせる形で、一門につき百発宛を交付した。

このうち「実弾（Masijge kogel）」とあるのは、無垢に鋳込まれた球形弾で、「二十四封度長加農」の他「六十・八十封度榴加農」にも使用された。一般に鉄製だが、浦賀では青銅製のものも造られていた。同弾は炸薬を内蔵しないため、加熱して「焼夷弾（Groei kogel）」とすることもできた。「鉄葉弾（Blikdoos）」とは、ブリキ製の円筒形容器に鉄弾子を填めた霰弾で、近距離射撃において人馬殺傷に用いられた。二十四ポンド砲では直径四五ミリメートルの鉄

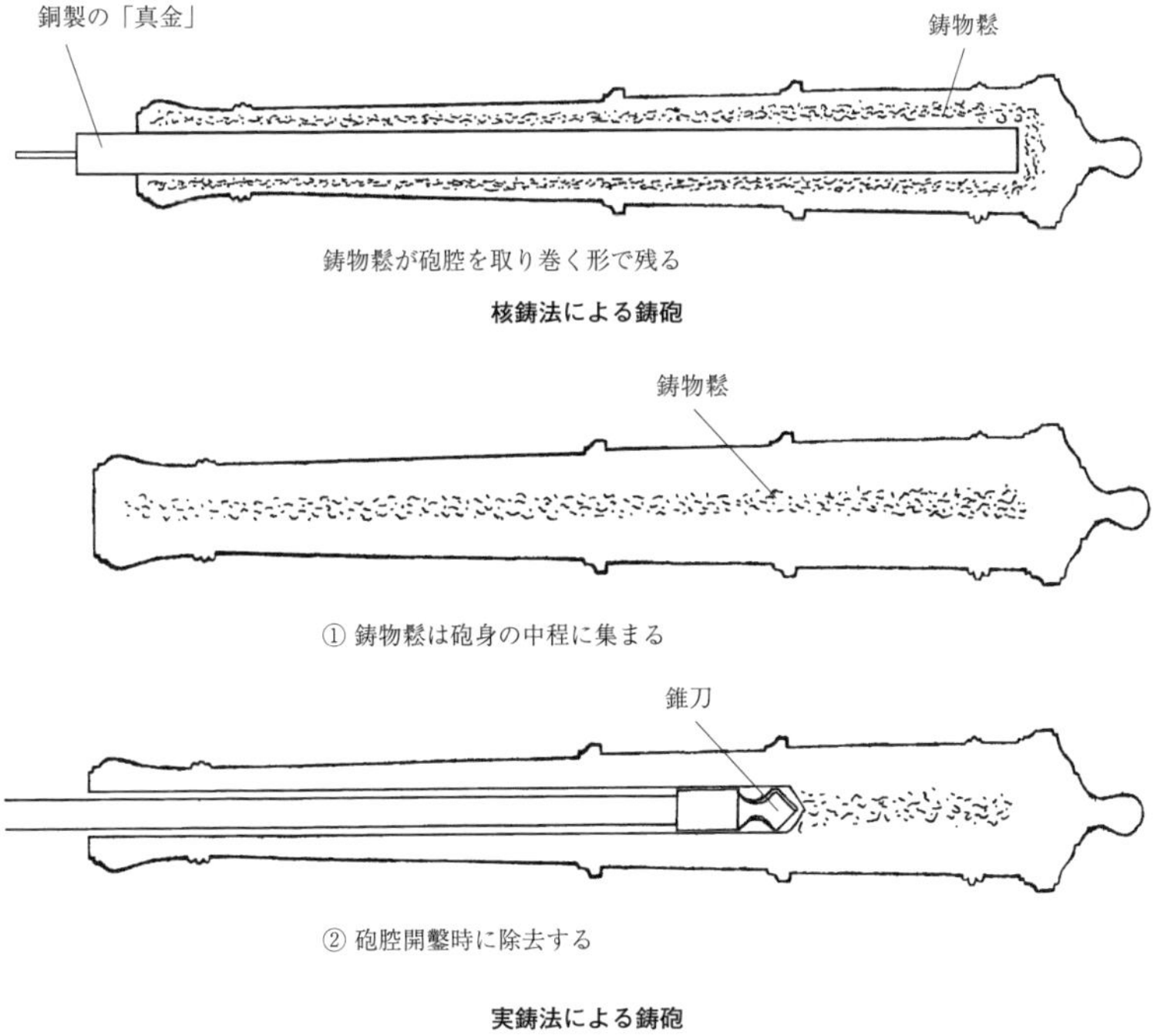

図45　核鋳法と実鋳法

弾子四十一個、六十ポンド砲では直径六〇ミリメートルの鉄弾子二十個、八十ポンド砲では直径七〇ミリメートルの鉄弾子二十個を、それぞれの口径に合わせて造られたブリキ筒に充填した。「柘榴弾」とは、中空の弾殻に炸薬を填実し、曳火信管を用いて破裂させるもので、弾径二〇センチメートル以上の六十封度・八十封度弾はボムメン（Bommen）、それよりも弾径が小さいものはガラナート（Granaat）と呼ばれた。炸薬は「破裂調合薬」と称される黒色火薬で、六十封度弾には「二百六十七匁（一〇〇一・二五グラム）」、八十封度弾には「四百目五分（一五〇一・八七五グラム）」が充填された[21]。

慶応元年八月、大砲鋳立場において鋳造された火砲八挺について、「鉄実弾」を用いた試射がおこなわれた。試射の終わった

図46　核鋳法によって生じた鋳物髭

砲身は館浦台場へと運ばれ、砲架の組み立てを経て、九月二十九日に備砲の据え付けが完了した。諸砲の据え付けが終わると、それまで艦載用砲架を使用していた三十封度榴加農に合わせて切り開かれた胸墻の砲門口を、埋め戻す作業がおこなわれた。また、新製の火砲が配備されたことにより、仮据となっていた「船砲十二斤御筒」六挺の取り壊しと、「長加農十二斤」一挺の取りはずしがおこなわれた[22]。ちなみに後者の十二ポンド長カノンは、当時松本藩が警備を担当していた鳥ケ崎台場に回送された。なお、仮据となっていた「二十九拇臼砲」一挺については、どのような処置がとられたのか不明である。

大砲鋳立場で鋳造された火砲の全てが、青銅製の前装滑腔砲だったことは、既に述べたとおりであり、これは一八六〇年代の欧米列強における旋条砲普及という軍事技術の一般水準から考えると、旧式化が目立つ内容だった。また、在方の鋳物師に鋳砲を請負わせたため、江戸の関口大砲製造場で「鉄型を用ひ、実体鋳造」[23]をおこなっているとの情報を得ながら、在来の核鋳法によって砲身鋳造がおこなわれる結果となった。こうした製砲技術は、嘉永・安政年間に江戸の湯島馬場鋳砲場で用いられていたものと同一の水準にとどまるもので、文久年間以降は「土型ニ而鋳込心鉄を用ひ初めより巣中なりニ仕立候ニ付鎔解之銅表裏より凝結いたし自然肉中之間隙出来且ハ鎔銅土型之流いたし毎々

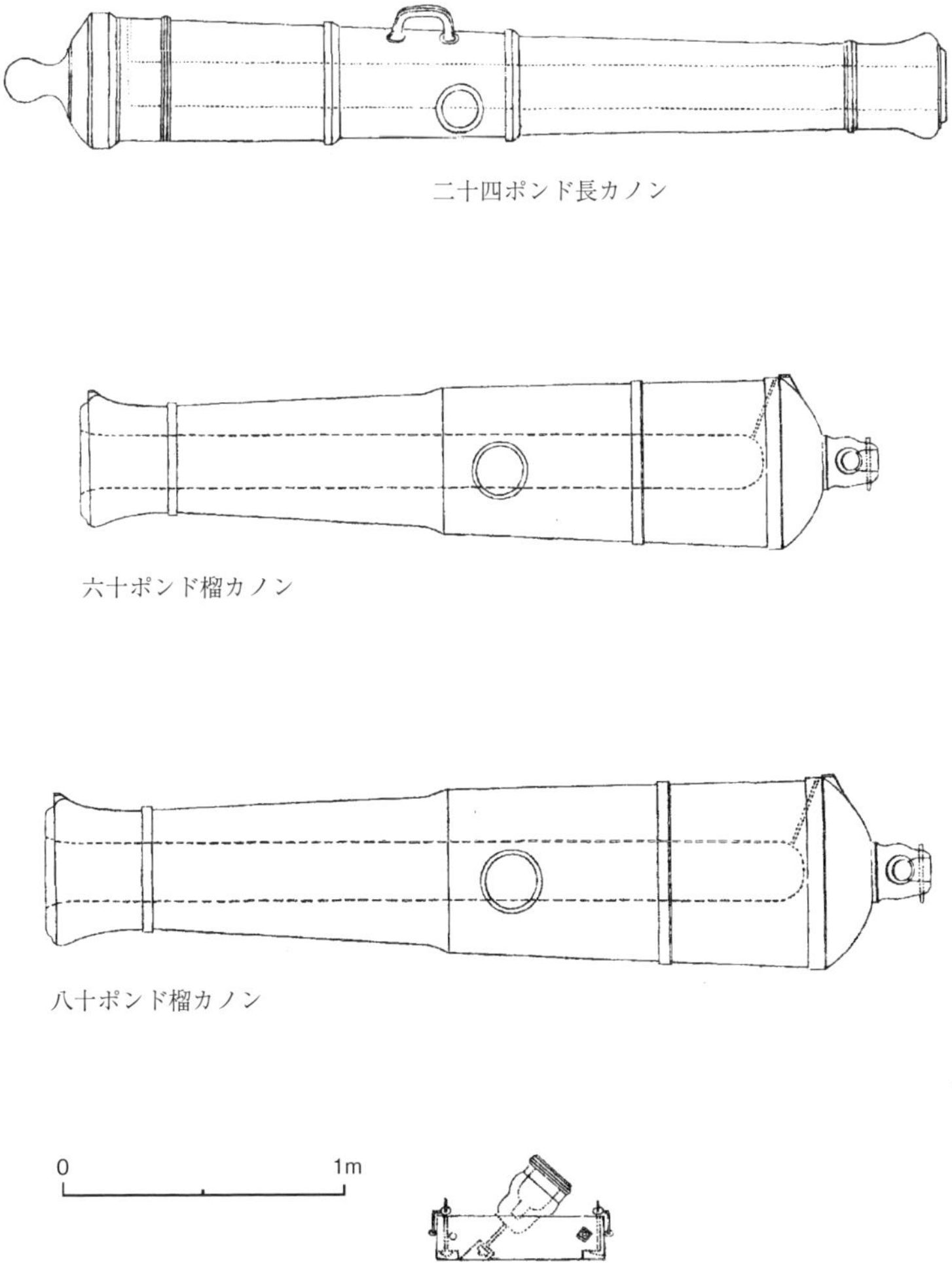

図 47　大砲鋳立場で鋳造された火砲

鋳損も有之候[24]」と批判されていた。

浦賀奉行所の大砲鋳立場には、実鋳法をとった場合に必要となる砲腔開鑿のための施設（水車など）が含まれておらず、在来の核鋳法によって鋳砲をおこなうという方針が、計画段階からとられていたことをうかがわせる。その意味で洋式砲の製造とはいいながら、和製洋式の技術水準に終始し、近代的冶金技術の導入にまでは至らなかったといえよう。

註

(1) 斎藤利生『武器史概説』（学献社、一九八七年）六〇頁。
(2) 工学会編『明治工業史　火兵・鉄鋼篇』（啓明会、一九二九年）三三頁。
(3) 勝安房編『陸軍歴史　上巻』（原書房、一九六七年）一三三～一三五頁。
(4) 「大砲鋳立場御用留」（浦賀古文書研究会編『新訂　臼井家文書　第五巻』浦賀古文書研究会、二〇〇七年）一〇四頁。
(5) 同右、一〇八頁。
(6) 同右、一〇八頁。
(7) 同右、一七六頁。
(8) 同右、一一三～一一五頁。
(9) 同右、一三二頁。
(10) 同右、一一五～一一七頁。
(11) 同右、一一〇～一一二頁。
(12) 同右、一〇八～一一一頁。
(13) 同右、一一一頁。
(14) 同右、一四四～一四五頁。
(15) 同右、一一一頁。

(16)「鋳筒仕法」（三枝博音編『日本科学古典全書　第十巻』朝日新聞社、一九四四年）五一〇頁。
(17)前掲「大砲鋳立場御用留」一六一頁、一六九頁。
(18)同右、一四七頁。
(19)同右、一六二頁、一六六頁。
(20)同右、一七三～一七四頁。
(21)同右、一八六頁。
(22)同右、二一六頁。
(23)前掲『明治工業史　火兵・鉄鋼篇』四一頁。
(24)前掲『陸軍歴史　上巻』一五〇頁。

三、浦賀奉行所による郷兵取立

江戸湾海防を担当した諸藩の中で、最初に庶民層を兵卒素材とする部隊の編成をおこなったのは、二本松藩である。二本松藩は、房総の富津警備を担当するようになって程ない安政六（一八五九）年九月、「富津村之者三拾人」を足軽に召し抱えて「御先手組」二十人と「殿組」十人を編成した。(1) これらの足軽は、「帯刀御免被成下、御宛行弐人扶持・切米金壱ケ年弐両被下置」という待遇で、平時は月に十日の勤務、有事の際には「何事ニ寄らず御陣屋江駈附御用可奉」ことが義務づけられていた。(2)

また房総に分領をもつ前橋藩は、慶応二（一八六六）年八月に「農兵」の取立をおこなっている。同時期に前橋藩では、武州の本領でも農兵取立に着手したが、領民の反発にあって挫折し、(3) 分領においてのみこれが実現するという結果になった。前橋藩の農兵達は、「炮術稽古申付、組頭格御取扱之上、一刀（註。脇差）帯候事」という待遇を受け、併せて藩から「鉄砲玉薬」を貸与、「稽古着并股引」といった装束を給与されることになっていた。(4) 前橋藩による農兵取立は、その趣意書に「世上穏ニ相成候迄非常之節農兵之御仕道相成候」(5) と示されているように、治安維持のための補助兵力確保という意味をもつものであり、その規模は二小隊（八十人前後）程度だったと推定される。

相州側では、文久三（一八六三）年以来観音崎周辺の警備を担当していた佐倉藩が、慶応二年になって「郷同心」の取立をおこなった。これは「最下級卒で二・三人扶持を食むが分限帳に記載されていない」(6)、庶民を兵卒素材とする同心である。佐倉藩では、警備兵力(特に砲兵)の不足から、「先筒同心が、有事に際して砲兵の役割を担う、という方針になっていたため、それに代わって歩兵の役割を担う[7]」補助兵力として、郷同心を位置づけていた。佐倉藩の郷同心については、現存する史料が少なく、その編成規模等は明らかでない。

こうした庶民兵の編成に関して今日まとまった史料が残されているのは浦賀奉行所の「郷兵」であり、取立の開始から解隊に至る経緯を知ることができる。浦賀奉行所が郷兵の取立計画に着手したのは慶応二年九月のことである。そして翌慶応三(一八六七)年三月に幕府から正式な許可を得たのち、郷兵の取立が進められることになった。これは浦賀奉行所管下の東西浦賀町と周辺農村から、壮健な「町人・百姓」を選抜して銃卒としての訓練を施し、治安維持のための兵力に充てようとするものだった[8]。

郷兵の取立にあたっては、奉行所が在方からの願いを聞き届けるという建前で幕府からの許可を得たが、実際には奉行所からの指令にもとづき、在方が割当人数を差出す形で兵卒召募がおこなわれた。また、経費一切を支弁しながら、公儀からの御手当を求めないという片務的負担が、郷兵編成にあたって在方に強いられることとなった。当初の編成計画では、六百人の郷兵を召募する予定となっており、人数分の小銃を調達するための献金が在方に課せられた。さらに調練装束や玉薬などの代金も在方で支弁し、郷兵は装備を整えていった。郷兵の調練は浦賀奉行所の与力や同心が担当し、ゲベールを用いた銃陣の訓練がおこなわれた。調練に際しては郷兵は、一刀(脇差)を帯びることが許されており、末端士分格の扱いを受けた。

浦賀奉行所が郷兵取立を計画したのは、江川太郎左衛門(英武)の下で編成された農兵が、慶応二年六月に発生した武州一揆の鎮圧にあたって果たした役割に触発されたものと思われ、慶応二年九月、在方にこれを下達した。この日浦賀奉行所は、名主や年寄を地方役所へ呼び出し、次のような申渡しをおこなった[9]。

当年不容易御時勢ニも有之候処、当所之義万一何様非常之変事出来候共、何分人数不足ニ而、御奉行ニおゐても深御心配被為在候ニ付而は、此程江戸表江夫々御間合ニも相成居、発揮と申談候次第ニは無之候得共、農兵・商兵等被仰付候得は、其節右御用相勤候哉、有無内探致し可申出、尤、非常之節も人数六百人無之候而は、一方之防ニも不相成候義故、御支配所ニ而も右同様之義故、見込可申上旨被仰付候

続いて九月三月には、在方へ郷兵となり得るべき人員を早急に取り調べるよう口達を発し、「農兵・商兵を以鉄炮之隊取立可相成」ことや「家業ハいとなみなから鉄炮稽古致候事」と共に、在方が負担する諸経費の見積りを指示している。[10] 在方の反応を見ると、東浦賀では「調練稽古可致者壱人も無之」状況で、宮井与右衛門が二百両の献金をすることにより「出兵之義は御免相願度旨」を上申したが聞き届けられなかった。他方、西浦賀では二十人余の人員を届出、蛇畠村では「一同稽古致度旨願出」るなど、郷兵取立に積極的姿勢を示した。[11] 浦賀奉行所ではこうした動向を踏まえ、「仮令農商たり共本業而已ニ関係いたし、手を束居るへき場合ニ無之」旨を強調しつつ、九月十二日に改めて次のような通達を発した。[12]

今般郷兵取立方申達候ニ付而は、是迄之御時勢同様ニ心得、且は当分諸色高価難渋之折柄故、御趣意之趣取違、何等之批判申触候者可有之も難斗、右郷兵御取立之事は市在之者共御国思想冥加之為とは乍申、第一村々固ニ而、追々諸国一般と相成る御主法ニ付、小前末々ニ至迄聊心得違無之様、其方共より申し諭可置候

また同日、郷兵の差出に関する人数割当を定め、在方へ通達した(13)。

覚

一、六拾弐人　　東浦賀
一、六拾弐人　　西浦賀
一、七拾六人　　分郷西浦賀外拾三ケ村
〆弐百人
右は調練稽古人、東西六分弐里・在方三分八厘・右割合ヲ以差出可申事

奉行所からのこうした申入れに対し、在方では「御仁恵之程難有仕合奉存候」という形で、郷兵差出や諸経費の支弁、さらには小銃調達のための献金にも応ずることとなった。

そして九月二十二日、千二百両に及ぶ献金を奉行所へ上納する旨の上申書が、在方から提出された(14)。

一、今般郷兵御取ニ就而は、乍恐御時勢眼前之在例被為在御教諭、非常御警衛賊寇防禦之御備御趣意総而下方御憐愍之御至法、逐一被仰聞、小前一同末々ニ至迄難有承知候、素当所在住之者儀は永年御番所御蔭ヲ以繁栄続仕候義ニ而、外村とは格別一際奉蒙御恩沢候義故、一同申合、聊奉報御国恩度奉存候、右奉申上候
一、玉薬・衣服其外諸入用之義は村賄ニ仕候事
一、御鉄砲之義は市中身柄之者分金千百両ニ纏メ、上金仕、御買上被成下置候様仕度候事

図 48　郷兵の装備
ゲベール、木銃、江川笠、農兵刀。

慶応二年十月十八日、浦賀奉行所土方勝敬（出雲守）は、折からの政情不安に対処するため、江川太郎左衛門による農兵取立の先例を引きつつ、「浦賀を始村々非常予備の為、農商取交篤実壮健之人物相撰、銃隊取立候外良法有之歟奉存」として幕府に郷兵編成の許可を申請した。[15] また、「御手当筋は聊不奉願平常稽古、玉薬・胴服・陣股引等の諸入用ニ至迄悉市在ニ而取賄、速ニ銃隊御取立願度旨申立」という形で、郷兵取立が在方からの希望であることを強調し、「御貸渡可相成御筒、并ニ附属之品々御買上」や「銃卒之向は一刀為帯」の許可も求めた。幕府がこの申請に対して「伺之通可被取計候」との承諾通知を発したのは、慶応三年三月二十二日である。[16] 浦賀にこれが届いたのは三月二十六日で、翌四月以降郷兵の編成が本格的に開始されることとなる。

慶応三年四月一日、浦賀奉行所では名主・年寄・廻船問屋年寄・郷兵御御用取扱といった在方の責任者を招集し、郷兵取立の実施を下令した。続いて四月十日には、小銃買入れのための「千百両」に及ぶ献金が在方からおこなわれた[17]。郷兵用に調達された小銃は、玉目が八匁で点火に雷管を用いるものだったことを示す記録があり[18]、幕末期に「ゲベール」の称呼で普及していた、オランダ軍制式の一八四二年式歩兵銃であったと考えられる。この時調達された小銃は二百挺に及ぶが、多量の軍用銃を一時に揃えることができたのは、幕府から旧式銃の払下げを受けたことによるものと思われる。ちなみこれらの小銃の価格は、一挺五両程だった。

郷兵の編成がおこなわれたのは慶応三年六月のことであり、同月二十二日には「出勤人一同相招、御木札相渡……兼而申付置候小銃稽古之義、明後日廿三日五ツ時ニ御腰掛迄相詰可申、尤、実病之者は其段可申出事[19]」との申渡しがおこなわれた。次いで六月二十七日には、稽古日を「西三之日、東八之日」と定め、あわせて太鼓の稽古日を「二七十三内」とする通達を発した[20]。郷兵の訓練は、浦賀奉行所の「組与力・同心之内ニ而小銃教導為仕」ものとされ、小銃についても「御筒類は勿論、玉薬等ニ至迄精々不取締無之様申付、平常は御役所江取揚ケ置、稽古節に貸渡」す形がとられた[21]。

調練開始に先立ち、在方では郷兵の装束を次のように定め、五月二十六日に浦賀奉行所へ上申していた[22]。

覚

一、東西問屋着服之義、左ニ御伺申上候

一、筒袖絹呉郎

図 49　郷兵の装束イメージ
筒袖・裁付に江川笠という扮装で、ゲベールを携行している。
出典：*The Illustrated London News* (Fed. 4, 1865).

一、裁付同断
一、笠
　但江川笠、黄ニて一本筋
一、上〆白木綿
　右
　　卯五月廿六日

右の史料中に見える「筒袖」とは袂部分をなくして袖を細く仕立てた胴服、「裁付」とは「膝以下ヲ脚半ニ制シ……脛ノ背景ニ、小ハゼ五六ケを設[23]」けた袴の一種である。また「呉郎」とあるのは、オランダ語の Grofgrein にちなんだ、目の粗い絹毛混紡の輸入織物である。「江川笠」とあるのは「豆州韮山代官江川太郎左衛門、西洋炮術ニ長ジ、門人多シ、彼輩、作始用之[24]」とされた陣笠で、韮山笠あるいは藪潜とも呼ばれた。そのつくりについては、「紙撚製テ、形チ編笠ノ如ク扁平ニテ小形也。黒漆ヌリ、稀ニ記号等箔押ニ描クモアリ[25]」とされる。慶応三年六月二十二日、浦賀奉行所は「笠印之義、兼而被服仰付有之候ニ付、左之通伺之上取極申候事[26]」を通達し、西浦賀が「丸に西の文字」、東浦賀が「東の文字」、その他の村々は「丸に三の文字」と決まった。また「上〆」すなわち帯刀用の胴締めについても、「問屋鼠、西浅黄、東茶、在萌黄[27]」という色分けがなされ、郷兵それぞれの所属を示す合印となった。

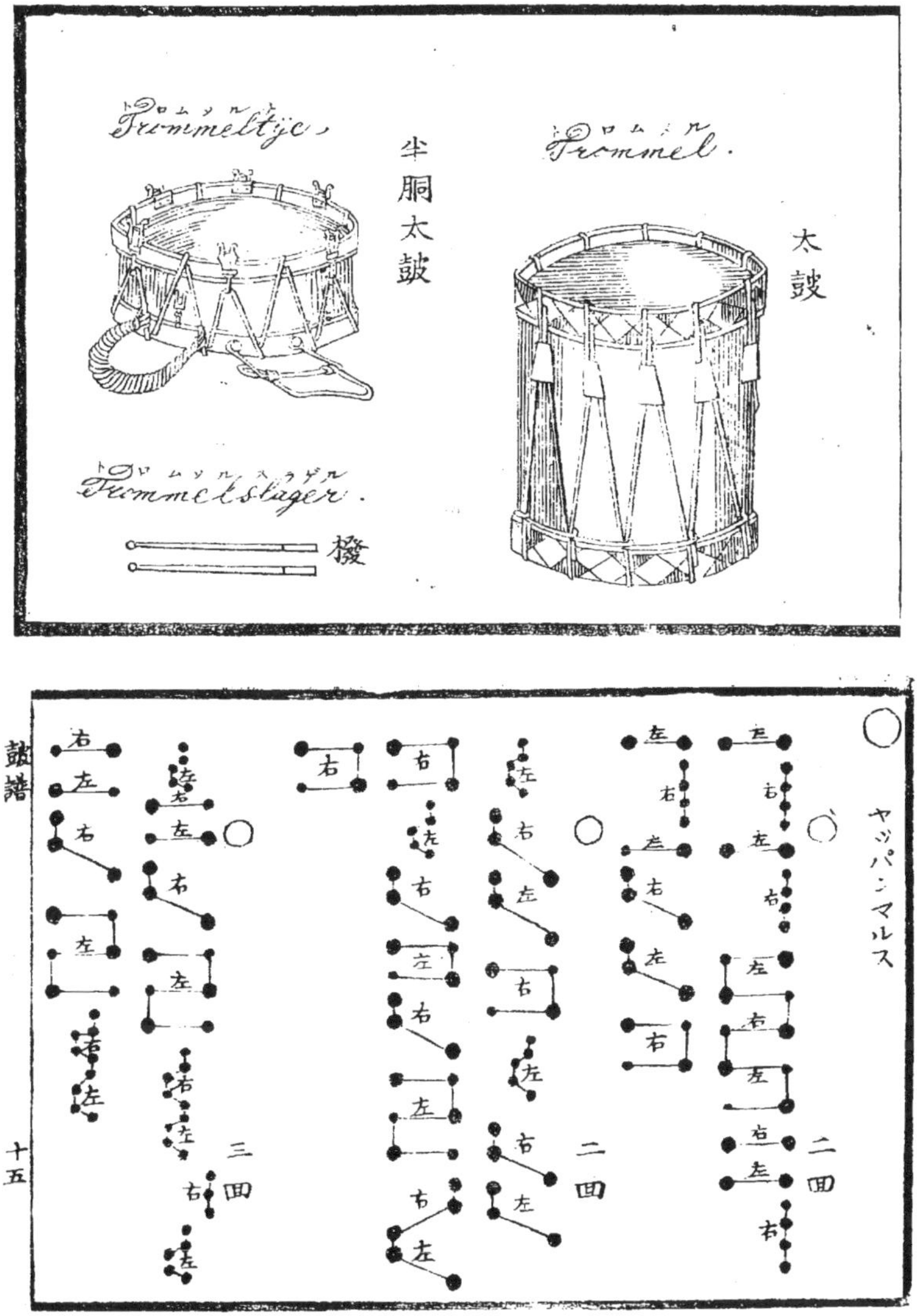

図 50　蘭式軍太鼓と鼓譜
出典：『歩操新式鼓譜』（松園蔵版、1865 年）。

さて、慶応三年六月に開始された郷兵の訓練は、王政復古による幕府廃絶を経た慶応四（一八六八）年三月頃まで続けられた。この間、鳥羽伏見の戦いに敗れた幕軍兵士が浦賀へ引き上げて来た際、西浦賀で乱暴を働いた歩兵を捕まえるため、七人の郷兵が「鉄砲玉込用意いたし……放発之心得」(28)を以て出動した。浦賀奉行所は、東征軍が江戸に近づいて来ると、旧幕府の組織に属する兵力という立場から、郷兵の動きを自粛しはじめ、三月十九日、各自の小銃を「銘々人目ニ不掛様秘し置」ため「自宅江仕舞い置」くよう命じた。(29)もともと郷兵の小銃は、平時には奉行所で保管することになっていたが、近々浦賀へも進出して来るであろう東征軍に二百挺に上る小銃を見咎められることを憂慮して、こうした措置をとったのであろう。

慶応四年四月十一日に旧幕府から東征軍への江戸城引き渡しがおこなわれると、浦賀奉行所でも恭順の姿勢を示す意味から、郷兵の解隊に着手することとなった。そして四月二十五日に新政府側の佐賀藩士一行が浦賀へ来着すると、その指示を受けて先に隠匿を命じた小銃につき、「村々農兵鉄砲并付属品にも包ニいたし、御役所へ差出」(30)すよう、急廻状を以て通達した。翌閏四月十一日、浦賀奉行所は新政府から派遣された佐賀藩に引き渡され、奉行以下の諸役人も全員奉行所を引き払って政務を交代した。同時に浦賀奉行所管下にあった郷兵は解隊されることとなり、一年程の短い歴史に幕を閉じたのである。

註

（1）筑紫敏夫「前橋藩房総分領と富津陣屋の終焉」（『千葉県中央博物館研究報告――人文科学――』第九巻第一号、二〇〇五年三月）七頁。

（2）「富津村之者三拾人足軽召抱ニ付請証文」（同右）七頁。

（3）川越市庶務課市史編纂室編『川越市史　第三巻　近世編』（川越市、一九七八年）五五九～五七九頁。

（4）「農兵の儀につき達し」（君津市史編纂員会編『君津市史　史料集Ⅰ』君津市、一九九一年）一七八頁。
（5）同右。
（6）木村礎ほか『譜代藩政の展開と明治維新――下総佐倉藩――』（文雅堂銀行研究社、一九六三年）二八五頁。
（7）山本哲也「佐倉藩の相州警備に関する一考察」（『軍事史学』第四十四巻第四号、二〇〇九年三月）九二頁。
（8）浦賀の郷兵に関する先行研究としては、鈴木亀二「浦賀奉行所の足軽について」（浦賀史学研究会編『新訂　臼井家文書　第四巻』浦賀史学研究会、一九九九年）、山本詔一『ヨコスカ開国物語』（神奈川新聞社、二〇〇三年）、山本詔一・淺川道夫「史料紹介　浦賀奉行所の『郷兵』に関する史料」（『軍事史学』第三十九巻第一号、二〇〇三年九月）がある。
（9）「郷兵御取立諸控」（横須賀史学研究会編『相州三浦郡東浦賀村　石井三郎兵衛家文書　第三巻』横須賀史学研究会、一九八七年）六〇頁。
（10）「不容易の時節柄農兵・商兵取立てにつき口達覚え」（横須賀市編『新横須賀市史　資料編　近世Ⅱ』横須賀市、二〇〇五年）七六頁。
（11）前掲「郷兵御取立諸控」六一頁。
（12）同右、六六頁。
（13）同右、六七頁。
（14）同右、六八～六九頁。
（15）「三浦郡浦賀郷兵取立につき伺書」（神奈川県県民部県史編集室『神奈川県史　資料編十　近世（七）』神奈川県、一九七八年）九三九～九四〇頁。
（16）同右、九四〇～九四一頁。
（17）前掲「郷兵御取立諸控」七二頁。
（18）同右、六一～六二頁。
（19）同右、七四頁。
（20）同右、七五頁。
（21）前掲「三浦郡浦賀郷兵取立につき伺書」九四〇頁。
（22）前掲「郷兵御取立諸控」七四頁。
（23）朝倉治彦編『守貞謾稿　第二巻』（東京堂出版、一九九二年）一八〇頁。

(24) 同右「第四巻」二一七頁。
(25) 同右、二一六頁。
(26) 前掲「郷兵御取立諸控」七四頁。
(27) 同右、七五頁。
(28) 久里浜古文書の会編『御用日記』（八幡村、二〇〇一年）二〇頁。
(29) 同右、四一頁。
(30) 同右、五九頁。

四、終末期の江戸湾海防

慶応三（一八六七）年三月、江戸湾警備の持場替えがおこなわれ、相州側では佐倉・松本両藩に代わって伊豆韮山代官江川太郎左衛門が、また房総側では二本松藩に代わって前橋藩が新たに着任した。一方浦賀奉行所は、浦賀港警備に専従するという任務について特に変化なく、明治維新まで継続した。

幕府が相州側の沿岸警備を江川太郎左衛門に命じたのは、慶応三年三月十四日のことであり、「御預処高三万三千石余其方支配ニ被仰付」られると共に「兼而立置候農兵ヲ以御備場御警衛取計」ことが下令された。(1) ここにいう農兵とは、文久三（一八六三）年十一月に幕府からの取立許可が下りて以降、韮山代官支配地で編成された在地の民兵部隊であり、武蔵・相模両国で取り立てられた農兵は四百十五人（予備隊四百十五人）に及んだ。(2) さらに伊豆・駿河でも農兵取立がおこなわれ、慶応年間には「六大隊」(3) 程度の編成規模を有していたようである。

このうち相州に派遣されたのは「農兵五拾四人」(4) で、観音崎（鳶巣）台場と亀ケ崎台場の警備にあたった。(5) ただしこれらの農兵は、小銃を携行して銃陣調練を受けただけの歩卒であり、台場の備砲を操作する技能は有していなかった。そのため、台場の火力運用に関しては、西洋流砲術を習得した江川家の家臣が担当したものと思われる。各台場の備砲については詳らかでないが、観音崎台場については明治二（一八六九）年時点で、「江川太郎左衛門ヨリ政府ニ納付」した「砲台ニ装備セシ二十四斤砲六門臼砲一門」が旧地に放置されているという記事があり、(6) 前装滑腔式の洋

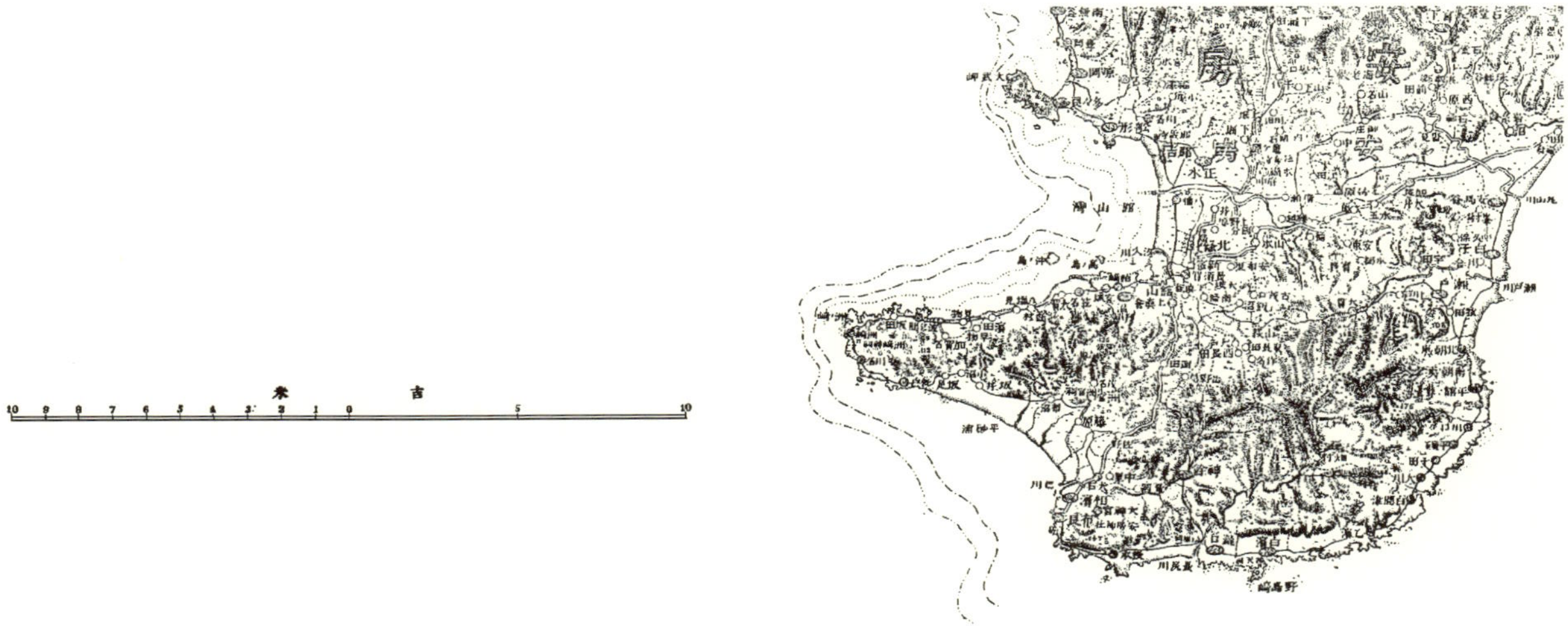

図51　終末期における江戸湾湾口の台場（慶応3年～慶応4年）
「1/200000　横須賀」（陸地測量部、1894年）に加筆。
※ 図中の●が台場・遠見番所の位置

式砲が据え付けられていた様子がうかがわれる。

また浦賀奉行所の管下では、慶応年間に入ると、新設の館浦台場を主砲台として、浦賀港の防備が再編されていた。それまで浦賀港防衛のための主砲台は、港の入口に面して広い射界をもつ明神崎台場だったが、西欧諸国の軍隊で射程の長い旋条砲が普及すると、港外から容易に視認できる同台場は、アウトレンジで制圧される可能性が高まったため、港口の少し奥まった位置に館浦台場を設けて主砲台とし、浦賀港に進入を図る外国船を側方から射撃する形に改めたのである。こうした防禦態勢がとられた背景には、浦賀奉行所管下の台場の備砲が洋式砲に換装されていたとはいえ、それらは一八六〇年代の軍事技術に照らして既に旧式化していた前装滑腔砲で、射程距離の不足から西欧列強の軍艦と互角に砲戦をおこなうことは困難であった、という事情が存在していた。

ちなみに明神崎台場は、浦賀港への進入を図ろうとする外国船を見下した形で、大口径の榴弾を曲射で浴びせかける補助砲台として機能を継続し、カノン砲を取りはずしたのち(7)、嘉永年間に据え付けられていた「カルロン」や「五十封度モルチール」といった短砲身の大口径砲が、その目的に叶うものとして再配備された。亀甲岸台場については、文久年間に備砲を全て洋式砲に換装したのち特に火砲を変更したという記録はなく、これらが明治維新まで使用され続けたと考えられる。なお、千代ケ崎台場と鶴崎台場については、慶応年間に入ると運用記録が見られなくなることから、休止もしくは廃止されていた可能性がある。

一方、房総側の沿岸警備については、慶応三年三月十三日、二本松藩から前橋藩への持場替えに関する幕命が下され、前橋藩は同年五月二十六日に富津の台場と陣屋を受け取った(8)。当初前橋藩が富津に派遣したのは「江戸住番外二十二人」(9)で、房総町在奉行へ任ぜられた臼井宣左衛門が同地に着任するのに伴って増員されたが、その内容は「守衛ノ兵ニハ番外小熊小藤太、砲術世話・大砲方ヲ兼ネ、遊隊九人・徒士目付二人・砲隊格二十人（内十人地方会計ヲ兼ネ、二人徒士目付）、銃隊十九人・町在組浮組（二十人）ヲ永住トナシ又外ニ台場付足軽（丹羽侯ヨリ譲受ル者新組ト唱フ二十人）ニテ、総員僅ニ九十二人ナリ」[10]というものだった。

このうち「台場付足軽」とあるのは、前任の二本松藩が取り立てた在地の庶民兵で、もともと三十人で編成されていた中から二十人を引き継いだものである。ちなみに戊辰戦争中の慶応四（一八六八）年閏四月、旧幕府の反政府勢力が富津陣屋に来襲した際、前橋藩では「新組」と改称されていた台場付の足軽二十人を「砲車輓夫トシテ貸与」し、難を逃れている。[11]

同時期、江戸湾湾口の警備に関しては、大幅な縮小がおこなわれ、相州側では江川太郎左衛門管下の観音崎（鳶巣）・亀ケ崎二台場のほか、浦賀奉行所管下の館浦・明神崎・亀甲岸の三台場、房総側では富津台場一ケ所が残るのみとなった。内海の警備においても、常備施設として築城された台場について見ると、神奈川台場を建設・警備して来た松山藩が、慶応二（一八六六）年八月、幕府に同台場とその附属施設全てを差し出して神奈川警備の任を解かれている。[12]これを引き継いだ幕府では、神奈川台場を祝砲台として使用した。また品川台場は、明治維新を迎える慶応四年まで海堡としての役割を果たし、一・二・三・五・六番台場のほか陸附四番（御殿山下）台場を含めて、竣工から廃止に至るまでの間、二十藩にわたる諸藩が交代で警備にあたった。

註

（1）逗子市編『逗子市史　資料編Ⅱ　近世Ⅱ』（逗子市、一九八八年）六六七頁。
（2）韮山町史編纂委員会編『韮山町史　第六巻下』（韮山町史刊行委員会、一九九四年）四四四頁。
（3）同右、四五五頁。
（4）「慶応三年　代官江川太郎左衛門相州台場警衛につき賄代・入用伺書」（神奈川県県民部県史編集室『神奈川県史　資料編

十　近世（七）』神奈川県、一九七八年）四九七頁。
（5）「慶応三年七月　代官江川太郎左衛門相州台場警衛につき入用品等伺書」（同右）一三七頁。
（6）横須賀鎮守府編『横須賀造船史　第一巻』（横須賀鎮守府、一八九三年）一三七頁。その他、八十ポンドボムカノンも江川家の管下で運用されていたようである。
（7）「大砲鋳立場御用留」（浦賀古文書研究会編『新訂　臼井家文書　第五巻』浦賀古文書研究会、二〇〇七年）一〇八頁、一二二頁。明神崎からは十四ポンド長カノン四挺が館浦台場へ備え替えとなったほか、十二ポンド長カノン三挺が廃砲として大砲鋳立場へ送られた。
（8）「橋藩私史」（前橋市編さん委員会編『前橋市史　第六巻　資料編Ⅰ』前橋市、一九八五年）一一〇五～一一〇六頁。
（9）同右、一一〇六頁。
（10）同右、一一二〇頁。
（11）同右、一一二二頁。
（12）内藤素行「神奈川砲台の始末」（史談会編『史談会速記録　合本三十三』原書房、一九七四年）四九五～四九六頁。

おわりに

以上、文化七（一八一〇）年から慶応四（一八六八）年に至る江戸湾海防の変遷を、通史という形でまとめた。一般に幕末日本の海防政策に関しては、鎖国体制下の社会的・技術的停滞性という前提条件を踏まえて、その意義や有効性を過小評価してきた嫌いがある。ここでは、（一）海防上の戦略、（二）台場の築造技術、（三）火力構成といった観点から、幕末における江戸湾海防の特質と限界について、具体的に総括したい。

（一）海防上の戦略

幕藩体制下における海防は、専守防禦の守勢戦略を基調とするものだった点に大きな特徴がある。開国前の海防政策は、徳川幕府が祖法と位置づける鎖国体制を前提に策定されており、その基本方針は半世紀余の間に寛政令・文化令・文政令・天保令という形で変遷をみたが、このうち「無二念打払」を標謗した文政令以外は、総じて外国船への「薪水給与」を認めた穏便策であった。

文化七年以来本格化した江戸湾の海防においては、当初相州側の城ケ島と房総側の洲崎を結ぶ湾の入口の海上を「控制の場所」とし、外国船がここを乗り抜けることのないよう、両岸の要地に台場を築いて監視をおこなった。しかし、城ケ島と洲崎は直線距離で二〇キロメートル以上もあり、この間の海上で確実に外国船の発見・停船をおこなうことは、当時の監視技術では困難だった。実際に文政元（一八一八）年の英国船「ブラザーズ号」来航に際しては、当日海上に霧が出ていたこともあってこれを発見できず、江戸湾への進入阻止に失敗している。

こうした事態を受けて、幕府は城ケ島と洲崎を結ぶ線上で外国船を乗り止めるという方針を見直し、文政二（一八一九）年、相州側の観音崎と房総側の富津を結んだ線上に、江戸湾海防における防禦線の重点を移行した。観音崎と富津との海上は直線距離で約八キロメートル、江戸湾の咽喉ともいうべき場所であり、万一外国船がここを乗り越えようとした場合には「速に打払」うものとされた。

文政八（一八二五）年に「無二念打払令」が発せられると、従来の乗り止め・打払いという段階的対処は無用のものとなり、日本近海に来航する外国船を二念なく打払うことが基本方針となった。江戸湾では、天保八（一八三七）年に来航した米国船「モリソン号」に対して、浦賀奉行所による打払いが実行された。しかし程なくして、アヘン戦争における清国の敗報が伝えられると、これに衝撃を受けた幕府は無二念打払令を撤回し、再び穏便策である薪水給与令を天保十三（一八四二）年に復活させた。

天保の薪水給与令は、避戦策を基本方針としたものであり、江戸湾海防の現場では、再び観音崎と富津を結ぶ海上を乗止の「要地」とし、同所を外国船が乗り越えた場合に限り「不得止打払」うものとされたが、前装滑腔砲の火力でこの海面を完全にカバーすることはできなかった。かくて弘化四（一八四七）年になると、江戸湾海防の基本方針は武力衝突の回避に重点が置かれるようになり、外国船が「たとひ富津の要所を乗越すとも」穏便に扱うことが下令された。嘉永六（一八五三）年のペリー来航時、ペリーが実際にこの要所を乗り越えて江戸湾の内海へ進入したことにより、それまで無防備のままだった内海の防禦が急がれることになった。

品川台場は、こうした海防上の要請により、江戸市街部を直接防衛するための海堡として建設された。当初の計画では品川沖に十一基が建設される予定だったが、結果的に竣工に至ったのは五基にとどまった。これらの海堡は、江戸市街部沿岸の台場と連携しつつ、遠浅の江戸湾の奥深くまで進入して来ることが予想される、砲艦の迎撃という機能を有していた。ペリーの再来によって日米和親条約が締結され、鎖国体制が終焉すると、江戸湾における防禦上の要所は、浦賀港周辺・観音崎—富津を結ぶ海上・神奈川宿周辺・江戸市街部沿岸へと集約された。開国後の江戸湾海防は、明治維新を迎えるまで、これらの要衝警備に重点が置かれるものとなった。

（二）台場の築造技術

江戸湾海防のために建設された台場は、嘉永年間以前そのほとんどが和流の築城法によって建設されたものだった。和流台場の基本構造は、所用の平坦地を造成してその前部に砲座を設けたものである。砲座は、玉除土手によって個別に仕切られた狭い空間へ木造の雨覆を設け、その中に一挺ずつ火砲を配置する造りとなっており、大きく開いた砲門口の前方には、洋式台場に見られる胸墻が設けられていなかった。和流台場は砲座の構造上、備砲の射界を広くとることができず、胸墻をもたないことから砲戦に際しての防禦力が不足していた。また、台場の内部に木造の番所などを設け、周囲に陣幕を張りめぐらす等の陣中作法が固守されていたことは、防禦上不利な条件をつくり出していた。

江戸湾における洋式台場としては、浦賀港の明神崎台場・亀甲岸台場・館浦台場のほか、品川台場と江戸市街部沿岸台場の一部、神奈川台場などを挙げることができる。これらは嘉永年間から慶応年間にかけて、オランダの築城書にもとづいて設計されたものであり、いずれも一八五〇年代の前装滑腔砲段階の軍事技術に対応した構造になっていた。これらの基本構造は、爆風除となる側墻によって仕切られた砲座の前に、ローム土を撞き固めて築造した胸墻を設け、堤砲車に架した前装滑腔砲を配備するというものだった。

（三）火力構成

台場の戦力の指標となるのは、当然のことながらそこに配備された火砲である。天保年間以前、江戸湾の台場に配備された火砲は全て和筒で、在来の砲術流派それぞれのものが各台場に混在している状況だった。これらの和筒は、「モリソン号」砲撃の事例を見ても明らかなように、対艦船用の火砲としては威力不足だった。江戸湾の台場に洋式の火砲が備えられるようになったのは弘化年間以後のことであり、嘉永年間以降急速に配備が進んだ。これらの洋式砲は、オランダ軍の制式に倣った前装滑腔砲であり、ペリーが来航した一八五〇年代半ばには、欧米列強の軍事技術の水準にほぼ追随したものとなりつつあった。

一八六〇年代に入ると、欧米諸国では砲腔内にライフルを切った施条砲が普及しはじめ、射撃の精度や射程距離が飛躍的に向上した。こうした軍事技術の変化を、日本側も薩英戦争や馬関戦争の戦訓から学び取っていたが、江戸湾海防の現場では火砲の更新はおこなわれず、慶応年間を迎えても前装滑腔砲が主力だった。同時期、倒幕か佐幕かをめぐる政治対立が顕在化する中で、江戸湾における海防すなわち対外的軍備の優先順位は次第に低下していく傾向にあり、施条砲の新規導入による海防力増強という要請は生起しなかった。その意味で江戸湾海防における軍事技術は、西欧における一八五〇年代の水準で停滞していたものといえるだろう。

な

は

さ

た

事 項 索 引

た

な

は

ま

や

ら

索　　引

※　本文中では引用史料の表記の違いによって人名・事項の表記に異同があるが、索引では便宜的に統一した。

人 名 索 引

あ

か

さ

著者略歴

淺川　道夫（あさかわ　みちお）

著者略歴

博士（学術）、軍事史学会理事・編集委員、日本大学国際関係学部助教。

昭和 35（1960）年、東京に生まれる。
日本大学大学院法学研究科（日本政治史専攻）博士後期課程満期退学

主要著書・論文

- 『お台場―品川台場の設計・構造・機能―』（錦正社、2009 年）
- 平間洋一編『日英交流史 3　軍事編』（東京大学出版会、2002 年）共著
- 宮地正人監修『ビジュアルワイド　明治時代館』（小学館、2005 年）共著
- 「江戸湾内海の防衛と品川台場」（『軍事史学』第 39 巻第 1 号、軍事史学会、2003 年 6 月）
- 「ペリー来航時の江戸湾防衛について」（『政治経済史学』第 493 号、政治経済史学会、2007 年 9 月）
- 「品川台場にみる西洋築城技術の影響」（『土木史研究　講演集』vol.27、土木学会、2007 年 6 月）

江《え》戸《ど》湾《わん》海《かい》防《ぼう》史《し》

平成二十二年十一月　二十日　印刷
平成二十二年十一月二十五日　発行

※定価はカバー等に表示してあります。

著　者　淺川　道夫
出版者　中藤　政文
発行所　錦　正　社
〒一六二―〇〇四一
東京都新宿区早稲田鶴巻町五四四―六
電　話　〇三（五二六一）二八九一
ＦＡＸ　〇三（五二六一）二八九二
ＵＲＬ　http://www.kinseisha.jp/

印　刷　㈱平河工業社
製　本　㈱ブロケード

ISBN978-4-7646-0332-5

関連書のご案内

新装版
大本営陸軍部戦争指導班 **機密戦争日誌**（全二巻）
防衛研究所図書館所蔵　軍事史学会編
揃定価二一〇〇〇円（本体二〇〇〇〇円）
天皇と政府、陸軍・海軍が、総合的な戦争指導について、いかに考え、いかに実行しようとしたのか？ 第一級の戦史史料！

大本営陸軍部作戦部長 **宮崎周一中将日誌**
防衛研究所図書館所蔵　軍事史学会編
定価一五七五〇円（本体一五〇〇〇円）
大本営陸軍部作戦部長が明かす対米・対中作戦の実情。昭和期の陸軍を知る上で欠かすことの出来ない第一級の根本史料。

元帥畑俊六回顧録
軍事史学会編　伊藤隆・原剛監修
定価八九二五円（本体八五〇〇円）
陸軍内の派閥対立から間を置いた立場にあった畑ならではの客観的な記述は他に類を見ない。陸軍研究に欠かせない史料。

再考・満州事変
軍事史学会編
定価四二〇〇円（本体四〇〇〇円）
満州事変前夜の状況分析から、その種種相を、日中の研究者らが真実に迫る。

日露戦争(一)—国際的文脈—
軍事史学会編
定価四二〇〇円（本体四〇〇〇円）
近代日本の進路と二十世紀の潮流を方向付けた世界的事件＝日露戦争に迫る。

日露戦争(二)—戦いの諸相と遺産—
軍事史学会編
定価四二〇〇円（本体四〇〇〇円）
一〇〇年前の世界史的大事件である日露戦争の真相とは!?

ＰＫＯの史的検証
軍事史学会編
定価四二〇〇円（本体四〇〇〇円）
世界各地で現在進行中のＰＫＯを歴史的に検証する。

第二次世界大戦(一)—発生と拡大—
軍事史学会編
定価四一八〇円（本体三九八一円）
戦後体制の終焉が論議される今日第二次世界大戦の諸相を斬新な視角で問い直す。

第二次世界大戦(三)—終戦—
軍事史学会編
定価四五八七円（本体四三六九円）
外国人研究者を含む各世代の専門家から寄せられた珠玉の論文集。

日中戦争再論
軍事史学会編
定価四二〇〇円（本体四〇〇〇円）
日中戦争を国内外の研究者らが多様な視点から再検討した日中戦争の総合研究書。

日中戦争の諸相
軍事史学会編
定価四七二五円（本体四五〇〇円）
日中戦争を、日中英独の気鋭の研究者が、実証的研究を積み重ねて綴った論集。

お台場——品川台場の設計・構造・機能——

定価二九四〇円（本体二八〇〇円）

淺川道夫著

日本初の本格的海中土木構造物「品川台場」築城の歴史

ペリー来航をきっかけに江戸湾内海防禦のためにオランダの築城書をもとに設計され築かれた西洋式の海堡「品川台場」。その設計・配列・諸施設の構造等について、西洋築城術がどのような形で反映されているのか？ 台場築造に用いたオランダ築城書を個々に探究し、日本側の文書史料・品川台場の遺構と照合することを通じて明らかにする。

また、品川台場は、海防という目的にもとづいて築かれた軍事施設であり、その本来的な役割は砲台として機能することにあった。こうした視点に立ち、建設された当時の軍事技術を踏まえ、台場の構造や配列について検証し、江戸湾内海の防衛計画とその有効性・意義に関しても検証する。

《内容抄》

Ⅰ．江戸湾湾口防衛の実相と限界
江戸湾防衛の変遷／御固四家体制下の海防施設／江戸湾湾口の防禦力／湾口防衛の限界

Ⅱ．品川台場の築造計画
内海台場の建設経緯／オランダ築城書／防禦線の設計／火砲の配備

Ⅲ．品川台場の構造
塁台の基本構造／台場の内部施設／海上と沿岸の防禦態勢

明治期国土防衛史

定価九九七五円（本体九五〇〇円）

原　剛著

明治初期から日露戦争までの国土の防衛姿勢がいかなるものであったか？ 近代史研究の空白を埋める貴重な研究!!

明治期に関する軍事史研究は、戦後、松下芳男氏をはじめ多くの研究者によってかなりの進展をみたが、それは制度的な面の研究が主体であり、国土防衛のために陸海軍がどのようにして建設され、要塞等の防衛施設がどのように建造されたか、また国土防衛のための作戦計画等がどのように策定されたかについては、ほとんど究明されていないのが現状である。また、実際の戦争即ち日清戦争や日露戦争における朝鮮半島や満洲（中国東北部）の戦闘については、それぞれ戦史として研究されているが、これらの戦争間、本土の防衛はどうであったかについても、ほとんど研究されていないのである。

本研究は、このような研究の空白を埋めることを狙いとするとともに、戦後、民主主義体制で再出発した日本の国土防衛を考える場合の歴史的示唆をえることをも狙いとする。

実地調査を基に記録された要塞地図を別冊として付録。